一所特殊教育学校高质量办学的实践探索

——以“爱慧”教育理念引领学校内涵发展

李明伟　　主编

中国言实出版社

图书在版编目(CIP)数据

一所特殊教育学校高质量办学的实践探索：以“爱慧”教育理念引领学校内涵发展 / 李明伟主编. -- 北京：中国言实出版社，2024. 7. -- ISBN 978-7-5171-4894-4

Ⅰ. G769.2

中国国家版本馆CIP数据核字第2024NB5759号

一所特殊教育学校高质量办学的实践探索

——以“爱慧”教育理念引领学校内涵发展

责任编辑：王建玲
责任校对：张天杨

出版发行：中国言实出版社
地　址：北京市朝阳区北苑路180号加利大厦5号楼105室
邮　编：100101
编辑部：北京市海淀区花园北路35号院9号楼302室
邮　编：100083
电　话：010-64924853（总编室）　010-64924716（发行部）
网　址：www.zgyscbs.cn　电子邮箱：zgyscbs@263.net

经　销：新华书店
印　刷：北京铭传印刷有限公司
版　次：2024年11月第1版　2024年11月第1次印刷
规　格：710毫米×1000毫米　1/16　17.25印张
字　数：253千字

定　价：78.00元
书　号：ISBN 978-7-5171-4894-4

本书编委会

主　编：李明伟

副主编：王向辉　王　颖

编　委：（以下按姓氏笔画排序）

王　伟　王　齐　王　雨　王菊红

李继红　张　莹　张宏巍　张常增

庞　冰　郑祖伟　屈建民　秦连红

高建忠　董正波　韩　晶

“爱慧”教育赋能学校高质量发展

特殊教育，如同黑夜中的明灯，照亮着那些在成长道路上遇到障碍的孩子。北京市顺义区特殊教育学校，正如一盏温暖耀眼的明灯，以其独特的“爱慧”教育理念，为特殊儿童们点亮了通往未来的道路，让他们在爱的呵护下，绽放出属于自己独特的光芒。

“爱慧”教育，顾名思义，爱是基石，慧是翅膀。学校以“尊重差异，珍视生命”为核心理念，将爱心与智慧完美融合，为每个残疾儿童提供最合适的教育，助力他们在人生的舞台上绽放精彩。

“建爱慧乐园、塑爱慧教师、融爱慧家长、育爱慧学生”，这四维一体的办学目标，犹如一座坚实的桥梁，连接着学校、教师、家长和学生，共同为特殊儿童的成长而努力拼搏。在这里，爱是温暖的阳光，照亮每一个角落；爱是甘甜的泉水，润泽每一个特殊孩子的心灵。学校用爱去包容、用慧去引导，挖掘自身与群体的智慧，探索有效的教育方法，打造智慧型教师团队。他们用爱心和智慧为学生提供更贴心、更有效的教育服务，推动特殊学生在生活智慧和生命智慧上不断进步，实现全面育人的目标。

优秀的教师是“爱慧”教育的关键。顺义区特殊教育学校的教师们秉持“悦纳、奉献、科学、顺应”的教风，不断提升自己的专业素养和教育能力。

他们用爱去包容、用慧去引导，挖掘自身与群体的智慧，探索有效的教育方法，打造智慧型教师团队；用爱心和智慧为学生提供更贴心、更有效的教育服务，推动特殊学生在生活智慧和生命智慧上不断进步，实现全面育人的目标。“爱慧”教育如一盏明灯，照亮了教师们成长的道路，让他们在教育的征程中不断超越自我。

在“爱慧”教育的推动下，顺义区特殊教育学校的教师素养、教育质量、办学水平都得到了显著提升，这些成果是施行“爱慧”教育理念的有力证明，更是学校的骄傲！

我们期待“爱慧”教育办学经验能够带给更多特殊教育学校借鉴和帮助，将爱与智慧的教育理念融入每一个教育环节中。也期待顺义区特殊教育学校为了高质量发展不断砥砺前行和探索攀登，将“爱慧”教育持续发展与升华，为每一名学生创造更好更适宜的教育，让他们实现自我价值，融入社会，创造属于自己的精彩未来！

北京教育科学研究院特殊教育研究指导中心主任、北京市教育学会特殊教育专业委员会理事长

目录

第三章　拓宽“爱慧”育人途径　因材施教助成长

第四章 推进“爱慧”生态建设 共绘成长同心圆

共创“爱慧”教育文化　成就更好的我们

李明伟

北京市顺义区特殊教育学校始建于1991年，成立于2001年，目前是一所集学前康复教育、义务教育、职业教育于一体的寄宿制公办学校。占地面积30665平方米，现有27个教学班，260名学生，学生均为残疾儿童少年，如中重度智障、孤独症、脑瘫、唐氏综合征等。学校作为顺义区师德培训基地，拥有优秀的师资队伍。教职员工91名，有全国师德楷模1名、北京市优秀教育工作者1名、北京市特教园丁奖3名、北京市紫禁杯优秀班主任3名、北京市骨干教师1名、区特级教师1名、顺义区学科带头人2名、顺义区骨干教师11名、顺义区百优班主任3名、顺义区道德模范1名。

学校坚持以党建统领全面工作，以立德树人为根本，以教育康复为核心，以“爱慧教育”办学思想引领学校内涵发展。始终坚持“尊重差异，珍视生命”的育人理念，践行“爱慧”课程，逐步实现“建爱慧校园、塑爱慧教师、融爱慧家长、育爱慧学生”的多维办学目标。学校曾获“全国学校管理创新学校”“北京市特殊教育先进集体”“北京市青年文明岗”称号，多次获“北京市五优联评先进集体”优秀组织奖，连年被评为顺义区教育系统先进集体、先进基层党支部，多次被评为顺义区教育教学管理先进单位、信息技术工作先进单位、科研先进单位。学校的办学经验及师生事迹多次被市、区级媒体宣传报道。顺义区特殊教育学校不仅是“家长满意”“学生喜爱”的学校，也是顺义教育的亮丽名片。

一、传承理念　与时俱进

回顾顺义区特殊教育学校的办学历程，时代在变，教育需求在变，教育理念也在不断更新。

起始阶段（1991—1995 年）：学生为智力障碍少年、儿童，分为 3 个培智班，三十几名学生，采用包班制，使用自编教材。结合当时学生的现状需求，学校确立了“一切为了残疾儿童的生存与发展”的教育理念，在教学实践中以解决“生存”与“发展”问题为主要目标。

第二阶段（1995—2012 年）：学生主要是听障学生和智障学生，听障学生占到 30% 左右。其间，学校将“健康”纳入教育视野，持续增加康复服务功能，将教育理念更新为“尊重需求，开发潜能，广纳外源，追求卓越”。在此理念统领下，开设了实用语文、实用数学等学科课程，开展康复训练，使用手写版教材，探索开设实践课。

第三阶段（2012—2022 年）：2012 年以后，听障学生逐步减少，直至停招，学生主要是智力障碍少年、儿童，兼有孤独症、脑瘫、唐氏综合征等。近几年，就读学生均为中、重度智力障碍，孤独症学生比例不断增加。学生残障类型多样、行为表现差异明显，2016 年国家培智学校课程标准实施，《北京市特殊教育二期提升计划》的推进，对特殊教育学校办学质量和教育康复水平提出了新的挑战。学校适时将“尊重差异，珍视生命”确立为育人理念，逐步构建多元生命课程体系。

现阶段（2022 年至今）：2022 年 1 月和 2023 年 2 月，教育部、北京市教委分别印发关于《“十四五”特殊教育发展提升行动计划》的通知，明确提出各区要积极建设“十五年制”特殊教育学校，涉及学前阶段和职业阶段教育的规范化办学、十五年制育人课程建设、十五年制学校的教师队伍专业化培养等教育任务。

检视历程，审视当下，特殊教育政策保障不断加强，办学条件不断改善，办学结构不断变化，学生残障类型越发复杂、程度加重，学段延展至十五年，学生对教育需求更加多元，塑造高素质、专业化教师队伍建设，提供优质特殊教育等将面临更大挑战。新时期，新需求，深化特殊教育改革发展，需要更加适宜的教育理念统领与支撑，使之赋能学校的高质量发展。

二、根植于爱　育人于慧

回顾学校的办学历程，分析学生需求，我们不断明晰新的目标，明晰此时我们应提供、能提供给孩子们什么样的教育，明晰每一位管理者、每一位教师需要面对的挑战和需要做出的改变。经过校领导班子多次研讨，征求老师们的意见、建议，邀请专家指导，在既往办学理念的基础之上，学校尝试将“根植于爱，育人于慧”的爱慧教育作为学校新时期办学思想的集中呈现，立志成就最好的我们。在多年实践中不断丰富“爱慧”教育的文化内涵，逐步使“爱”外化于师生行为，凝聚智慧，智慧育人，使学生更加智慧地面对生存、适应生活，积极自信地走向社会。

“爱慧”教育之“爱”是基础。包含“基础爱”和“职业爱”多个层面，具有爱的态度、爱的情感、爱的行为和爱的能力。同时，教师要在育人过程中培养知爱、懂爱、有爱、会爱的学生。在特殊教育学校的校园里，爱是最温暖的阳光，也是最强大的力量。作为特殊教育学校的教师，要知道每一名学生都有着独特的需求和挑战性，而爱，是我们教育的基石。

爱是尊重。特教教师们深知每个孩子都有自己的尊严和价值，要主动走进学生的内心世界，去了解他们的喜怒哀乐，去感受他们的困惑和渴望；尊重学生的个性和兴趣，关注他们的需求和感受；根据孩子们的特点，采用多种教学方法，让每个孩子都能在学习中找到乐趣和自信。孤独症学生常常沉浸在自己的世界里，对外界的反应显得有些冷漠。教师会努力去了解他们的兴趣爱好，寻找他们关注的事物和独特的天赋，用个别化的支持和辅助，孩子们与外界渐渐有了交流，他们的眼中也闪烁出光芒。

爱是耐心。特殊学生的学习和成长可能需要教师在教学中付出更多的时间，组织重复性活动，这就要求教师要有足够的耐心去陪伴他们走过每一个艰难的阶段。大部分有智力障碍的孩子会出现学习迟缓的情况，面对必要的知识，他们需要花费更多的时间来掌握。教师会为每名学生进行个性化辅导，用简单易懂的方式讲解知识点，找到学生的最近突破点，在一次又一次尝试体验中，我们看到了学生的努力和进步，也感受到了师生之间的信任和依赖。

爱是鼓励。每名特殊学生都有自己的闪光点，我们要善于发现并及时给予鼓励，让他们相信自己可以做得更好。教师在课堂上的表扬和鼓励，会让学生变得更加自信和开朗，而他们的阳光向上同样也会感染身边的每一个人。

爱是引导。教师要教会学生懂得爱，不仅要爱自己，还要爱他人，爱这个世界。在校级、班级组织的各种团队活动中，让学生们学会互相帮助、互相支持。我也鼓励他们积极参与社会公益活动，培养他们的社会责任感和爱心。教师用爱去点燃每一名学生心中的希望之火，而爱的力量也改变着一个个特殊学生的命运。

顺义区特殊教育学校以爱为基础，培养了知爱、懂爱、有爱、会爱的学生。他们或许有着不同的特殊需求，但他们同样拥有感受爱和给予爱的能力。让他们在爱的呵护下茁壮成长，成为这个世界上最温暖、最美好的存在。

“爱慧”教育之“慧”指向智慧。包含我们教育教学的目标、追求和不断更新跃升的境界。智慧是恒定的快乐，而教育的目的是助人拥有智慧。特殊学生虽然存在特殊之处，但同样需要智慧。教师在启智增慧中使他们能够自强自立，适应生活，服务社会。这个育人过程，离不开教师的教育智慧。我们不仅要提高教师的专业知识和技能，更要挖掘教师个人和群体的智慧，汇聚育人的教育策略和方法，打造智慧型教师团队，为学生提供更为有效的教育康复，推进特殊学生生活智慧、生命智慧的增进，实现全面育人。

教师的教育智慧是对学生的深入了解和个别化教育。每个特殊孩子都是独一无二的，他们有着不同的需求、能力和学习风格。教师通过细致的观察、评估和与家长的沟通，全面了解学生的特点和潜力。在深入了解的基础上，教师制订出适合每名学生的个别化教育计划（Individualized Education

Program，简称“IEP”)，包括教学目标、教学方法和教学材料等，满足学生的特殊需求。

教师的教育智慧是教学方法和策略的创新。由于特殊孩子的学习特点和所遇困难各不相同，教师需要不断探索和创新，寻找最适合学生的教学方式。运用多感官教学、情境教学、游戏教学等方法，让学生在轻松愉快的氛围中学习。灵活运用各种教育资源为学生提供更广泛的学习机会和体验，有效提高学生的学习效果，让他们在学习中感受到成功和快乐。

教师的教育智慧是与学生建立良好的关系。特殊孩子往往面临着更多的挑战和困难，他们需要教师的关爱、支持和理解。教师要善于倾听学生的心声，关注他们的情感需求，建立起互信和尊重的关系。通过与学生的亲密接触，教师能够更好地了解学生的内心世界，并给予他们积极的鼓励和引导。教师的教育智慧是与家长和其他教师合作。特殊教育需要家庭和学校的共同努力，教师要与家长保持密切的沟通和合作。及时分享学生的学习情况和进步，听取家长的意见和建议，共同为学生的发展制订最佳的教育方案。同时，教师也需要与其他教师和专业人员合作，共同探讨和解决学生的教育问题。通过团队的力量，为学生提供更全面、更专业的支持和服务。

教师的教育智慧还是自我成长和不断学习。特殊教育领域不断发展和变化，特教教师需要不断培训学习，更新自己的知识和技能。通过自我反思和经验总结，不断改进自己的教学方法和策略。他们的智慧和努力不仅能够改变学生的命运，更能为社会创造更美好、更包容的教育环境。特教教师的教育智慧是特殊教育成功的关键!

爱心和智慧是教育的双翼。顺义区特殊教育学校实施“爱慧教育”就是要让师生实现爱的双向奔赴，通过智慧育人实现育人目标。正如陶行知先生所说:“真教育是心心相印的活动，唯独从心里发出来，才能打动心灵的深处。”教师们用自己的爱心和智慧，诠释了教育的真谛，为特殊儿童成长引航，点亮了他们的未来。通过爱与智慧的交融，爱的种子在孩子的心田生根发芽，逐渐结出教育智慧的果实，让顺义区特殊教育学校的教育充满了温暖和希望，孩子们获得了更好的发展。

三、四维一体　落实目标

学校践行“爱慧”教育，基于立德树人根本任务，以学生发展为中心，根植于爱，育人于慧，围绕办学目标和课程建设，坚持德育为先，落实五育并举，尊重特殊儿童个体发展需求，对“四维一体”的办学目标进行了要素分析，外化于行，并通过不同途径予以实施和推进，促进师生、家长及学校的更好发展。

（一）目标一：建“爱慧”乐园

建“爱慧”乐园，即建设有向上的风气、智慧的管理、成长的足迹、有温度的校园。

1. 党建引航，互融共促

为落实党对学校工作的全面领导，学校党支部抓牢抓实组织、制度、思想、作风四个方面建设，创新党建项目，结合学生个别化教育需求持续三年开展党员“1+1+1”帮扶项目，组织党员献课、党员先锋岗等活动。围绕党在不同阶段主题教育，提升党员党性修养，切实让群众看到党员的先进性。特教学校党支部和党员先进事迹在《北京晨报》、学习强国等媒体宣传报道。体现了党建对“爱慧”教育思想的引领，促进“爱慧”教育厚植内涵，稳步深化。

（1）党支部充分发挥“三大作用”，夯实党建工作基础。

学校党支部现有党员35名，占教职工比例的44%，连续多年都有教师加入党组织。按照党支部+党小组管理架构，把党组织的引领作用覆盖到学校管理和教育教学的各个方面，发挥党支部的“领头雁”作用。强化“党员活动室”阵地建设，开展“三会一课”、交心谈心、研讨交流，推行党支部规范化管理，明晰党建任务，落实党建责任，发挥阵地“规范化”作用；积极开展“争做学习先锋，当师德示范员；争做育人先锋，当思政引领员；争做业务先锋，当教学改革员；争做管理先锋，当师生服务员”活动，让全校教职工学有标杆、做有榜样，形成比学赶超的良好工作氛围，发挥党员

“先进性”作用。

（2）抓好“三个任务”，加强党建工作实效。

持续巩固拓展主题教育成果，加强党支部学习共同体建设，明确“学”的规矩、增强“讲”的自觉、突出“练”的效果，抓好常态化学习教育。推进“双培双促”工程，实施分层培养计划，不断提升队伍素养和能力，严格落实党风廉政“一岗双责”，切实履行党组织建强队伍、管好干部责任，抓好党群队伍的培养。重视党建工作与学校文化建设深度融合，着力打造“爱慧”教育“展厅文化”“廊道文化”“雕塑文化”，发挥党建“铸魂”功能，抓好学校文化的传承。

（3）坚持“三个结合”，推进党建工作成效。

推进中小学校党组织领导体制改革，建立党组织领导、群团组织参与、家庭社会联动的管理机制，落实“爱慧”教育育人理念，推进共建共育机制，实现党建与立德树人的紧密结合。深化党组织建设和业务工作共进，开展常态课奠基、研讨课引路、示范课带头活动，促进党建与教学教研的紧密结合。将党的领导融入学校课程教学、教师研修发展、学生全面培养、学校文化建设、家校社协同育人等方面，开展筑基固本、活力提升系列活动，筑牢“创特色、树品牌、强引领”党建品牌新高地，推进党建与品牌建设的紧密结合。

2. 管理优化，完善机制

（1）健全制度，柔性实施。

学校关注教师需求上的差异，因需而助，使干部和教师在工作中找到成功感与幸福感。学校不缺少制度，缺的是有效执行。我们提倡有温度的人本化管理，准确识人用人，努力团结人、凝聚人。执行校章及制度时做到“规范有尺，制约有情”。建立在爱和智慧基础上的管理，能使每个人各得其所，使每件事落实到位。管理优化，能更好地将办学目标一以贯之，带动学校各项工作质量的提高。积极创设适宜的工作环境，学校管理层与教师保持良好的沟通，倾听他们的意见和建议，解决他们工作中遇到的问题。提供充足的教学资源和设施，改善工作条件，也能让教师更认真地投入工作。

（2）深化改革，激励创新。

在当今教育改革的大背景下，如何把握“区管校聘”改革契机，激发干部教师的干事创业内驱力，建立“多劳多得、优劳优酬”的机制，调动学校和广大教师的内生动力和积极性，成为学校管理面临的问题与挑战。学校建立公平、透明的激励机制是调动干部教师积极性的关键。学校制定绩效考核制度，将教学质量、学生发展、教育创新等因素纳入考核体系，根据教师的工作表现和业绩，给予适当的奖励和认可，如奖金、荣誉称号、晋升机会等。同时，设立教学成果奖、优秀教师奖等评选活动，激励教师追求卓越。学校积极推进岗位聘任制，增加教师岗位危机感。同时，为干部教师提供多样化的专业发展机会，满足他们的成长需求。支持教师参与课题研究、发表论文等学术活动，激发他们的研究热情和创新能力。

3. 以文化人，优化环境

校园文化是学校发展的灵魂，它集中体现了学校的精神、秩序、环境和形象。习近平总书记曾指出：“要注重文化浸润、感染、熏陶，既要重视显性教育，也要重视潜移默化的隐性教育，实现入芝兰之室久而自芳的效果。”为了实现这一目标，顺义区特殊教育学校进行了一系列丰富的校园文化建设，取得了显著成果。

（1）加大投入，改善办学条件。

政府先后投资 2500 万元对特教学校进行基础设施改造，支持校园文化建设。学校改善了教室环境，增加了 8 个专业功能教室和 4 个特色学科教室，改扩建了师生食堂，进行了校园整体绿化美化，丰富了种植园和沙水池，软化操场、铺装悬浮地板，功能性装修改造学龄部、学前部教学楼，拓建了职业部专业教室，全面更新无障碍设施等。一系列举措不仅提升了学校的硬件条件，也为学生们创造了更加舒适、安全、有益的学习和生活环境。

（2）环境陶冶，提升文化内涵。

学校的物质环境创设主体是师生，因此我们在追求艺术感、新鲜感的同时，更要重视其价值感。让教师参与学校标志物的设计，共同研讨校园绿化树种分布，种植园区、采摘园区的创设，班级环境的功能划分等。走进校园，处处是风景。一朵鲜花、一片草地、长廊座椅、沙水嬉戏，好的学习环境涵养性情，让师生的情绪体验变得美好。学校甬路两侧的文化墙设计充分体现了“尊重差异，珍视生命”的育人理念，将社会主义核心价值观、中国梦等元素与校园实际相结合，设置了党史学习、永远跟党走、教师榜样、学生榜样、立德树人、精彩瞬间等六大走廊板块。板块布置融艺术性与文化性为一体，创设体现有目的、有主题、有故事，从中找到师生成长的足迹。校园的每一面墙都能“说话”，都蕴含着深刻的教育意义。墙壁上的图文不仅是一种装饰，更是一种激励，它们凝聚了孩子们的智慧，寄托了老师的殷切期望。学生们在获取知识的同时，也能接受到无声的人文教育和美育。学生们在这样的环境中，能够时刻感受到文化的熏陶，激发他们的学习热情和创造力。

（3）团队文化，成就“爱慧”大我。

个人因团队而优秀，团队因个人更强大。在“爱慧”校园的团队里，更加崇尚团结。重大任务面前，一个老师能克服困难是个人素养很高的表现，而我们学校 35 名党员共同克服困难，在面对 71 个密接考生的情况下，配合教委圆满完成 2021 年疫情感染高风险期间顺义区高中合格考试的备用考点任务，这就是团队文化的体现。雅斯贝尔斯曾说：“教育意味着一棵树摇动另一棵树，一朵云推动另一朵云，一个灵魂唤醒另一个灵魂。”在顺义区特殊教育学校，如果学生入校、离校时下起雨来，所有干部教师都会主动给孩子打伞，这既是一种爱生的体现，也是“爱慧”文化的影响力。在顺义区特殊教育学校，团队文化是对学生成长足迹的描绘，是潜移默化的浸润；团队文化是师生洋溢的气质风采，体现在校园里的每件事、每个人、每个角落。

（二）目标二：塑“爱慧”教师

塑“爱慧”教师，即使教师有爱生的情感、爱生的态度、爱生的行为、爱生的能力。顺义区特殊教育学校始终以师德为评价教师的第一标准，以做四有好教师为总体要求。

1. 以师爱情怀为基础，弘扬高尚师德

没有爱就没有特殊教育，顺义区特殊教育学校“爱慧”教育的目标之一

是“塑‘爱慧’教师”。学校高度重视师德师风建设，在师德师风建设过程中多措并举，提升“爱慧”教师的综合素养。从爱每名学生做起，逐步提高到发挥职业之爱，促进每名学生更好发展。

（1）规范“爱慧”教师育人行为。

通过每年教师节重温师德承诺，每学期自查自纠师德师风，严抓校级师德清单记录，进行每月警示教育等方式规范教师的师德师风行为。

（2）培育“爱慧”教师敬业情怀。

通过评选“师德标兵”“最美特教人”“区、校级优秀教师”，积极宣传教师的先进事迹，从不同角度、层面，诠释了对孩子的关爱、对教育事业的挚爱，逐步壮大“四有”好教师队伍。

（3）搭建“爱慧”教师展示平台。

举办第八届红梅杯“我的教学故事”演讲比赛，讲述“爱慧”教师的教学故事。开展“草根专家工作坊”和“优秀班主任工作室”活动，组建骨干教师研究团队。积极参加市级微课、论文评比等活动，通过不同的平台展教师风采，促水平提高。

（4）激发“爱慧”教师学习动力。

通过专业学习、专家指导、跟岗学习、校本培训多种方式，落实“教师成长工程”。分层次对教师及团队进行专业理论知识、学生个体评估、专业康复技能、教学设计与组织等方面的专业需求性培训。

2. 研训结合为途径，提升专业师能

面对中重度多重残疾，58% 孤独症儿童的生源现状，需要持续提高教师教育康复的专业知识和能力，增强教师的专业自信，提升教师育人品质和育人能力。

（1）抓实校本教研，以研促教。

一是转变教研形式。基于课程建设、薄弱学科教学、孤独症儿童教育支持、课题研究，因需设置学段、年级、学科交替并存的教研组。教师动态分组后利于推进学生个别化教育计划的执行，形成学科或专业的研究共同体。注重调动参与研究教师的主动性，设置专业理论分享、专题研究、个体解惑、梳理提升等环节，改进教研活动策划，对教研活动的部分环节进行“放大”或“改良”，实现教研环节的“精细化”，使教研不再是个别教师的活动，而是引导更多教师主动参与和思考。

二是精选研究内容。研究内容决定教师是否有参与教研的兴趣和研究结果的应用，顺义区特殊教育学校教研内容源于教师教学的实际需求。每学期各教研组进行调研，分析教师的问题需求，结合共性和个性问题，选择关键性、普遍性、制约性教育教学问题进行研究。本学年聚焦孤独症儿童课堂教学策略、学前部知动训练、职业部专业技能课程建设、低中年级康复活动组织、劳动教育、艺术休闲学科的课堂教学组织等问题。

三是引领课题研究。顺义区特殊教育学校执行干部进入教研组学期跟进制度。利用教研组集体备课、听课研课、教材研磨等研究解决教学难题。为缩小教师专业差距，目前开展“探究孤独症教学策略提高课堂教学有效性”等 8 个课题研究，定期聘请特教专家、教研员同步指导，专业支持，研磨学生个案、教学策略、教师行为等细节，用课题带动教师专业提升。

（2）开展多元培训，以“训”促专。

学校总体设计培训方案，通过扎实落实课标、课堂教学提质、完善课程体系、研训助力专业、拓宽成长平台六项举措，助力教师专业成长。

策略一：任务式学习唤醒教师阅读的自觉性。没有阅读，就没有教师真正意义上的成长与发展。自 2021 年开始，学校规定教师利用寒暑假每学期统一学习至少一本指定专业书籍，包括《应用行为分析与儿童行为管理》《孤独症谱系障碍儿童焦虑管理实用指南》《结构化教学的应用》等，学习后全体教师进行读书交流、专业词语解读和案例应用分享会，在共读共学中实现共成长。

策略二：菜单式学习满足教师参训的自主性。针对教师专业发展缺失情况不同，学校每学期提供不同培训内容：市级跟岗影子培训；孤独症儿童情绪障碍、肢体康复、戏剧治疗、语言康复等专业模块培训；市级管理骨干、教研员、骨干教师培训；教师自主申报专家入校指导等。教师结合需求自主选择，并负责校级二次培训。组织年度“三讲”，即骨干教师季度专业大讲堂、“爱慧”教师年度讲教育故事、期末分岗分层干部教师讲收获。学校还积极引导教师参与市、区级专项展评。学、讲、用同步，使教师获得“专业武装”。

策略三：参与式实训调动教师学习的积极性。结合区教委小教科确定的“三研两提一升级”的暑期实训内容，顺义区特殊教育学校以专业提升为重点，扎实做好研、训、学各项工作。三研：围绕教育教学开展，一研班级学期主题图的制定，强调多学科融合；二研集体备课，课堂教学、教康结合、个别化指导；三研教学评价，精准分析学情，强调“教、学、评”一致性。两提：围绕家校共育，一是提升班主任设计班会、家长会、团队活动方案的能力，强调活动育人；二是提升班主任的家校沟通水平，开展家庭教育指导服务，探索与家长良好沟通的方式方法。一升级：围绕社会实践探索新学期实践课程的内涵发展，促进从“实践活动”到“实践课程”的提升。

（3）以团队发展为路径，凝聚育人智慧。

为促进教师执教的长远规划，学校指导教师量身定制“个人发展规划手册”，明确自己每个阶段的发展目标。启动“教师成长工程”，对“活力教师”“骨干教师”“奉献教师”“榜样教师”团队进行分层引领，成立市骨干教师工作室、紫禁杯班主任工作室、戏剧治疗工作坊、骨干引领研究团队、青年教师成长营等，让教师前行有目标、行动有力量，成就自我的同时形成积极向上、乐于奉献、团结协作的智慧型教师团队。

（三）目标三：融“爱慧”家长

融“爱慧”家长，即使家长有共育的意识、共识的理念、共通的措施、共享的意愿。

1. 宣传教育，增强家长共育意识

教育的主体包括学校、家庭、社会和政府，新颁布的《中华人民共和国家庭教育促进法》也更加明确家庭教育对少年儿童成长的重要责任和重要作用。家庭是儿童的第一所学校、父母是孩子的第一任老师、童年是人生最关键的发展阶段，特殊儿童的家校协作更为重要。家校协作的作用有利于发挥家庭的教育功能、提升教育教学质量、提高学校教育满意度、形成良好师生

关系等，为此，顺义区特殊教育学校高度重视家校协同育人工作。学校搭建有效的教育平台，通过与专家面对面沟通、家长讲堂等方式，及时传递育儿和康复知识，帮助家长转变理念，形成教育共识。引导家长成为“爱慧”教育的建设者，共同谋划学校未来，共议热点、难点问题，积极与学校、教师携手，培育“爱慧”好学生。

2. 创新方式，关注日常家校沟通实效

组织好学期五项家校系列活动。活动一是召开IEP学期会议，邀请家长与班主任、科任教师共同研讨学生的长短期发展目标，明确家庭与学校的配合点位；活动二是召开家委会，家长参与制定学校管理制度，学校积极听取家长需求和意见，调整管理策略；活动三是每季度家长走进学校参与实践活动，了解学生在校学习生活情况；活动四是期末多彩课程的展示活动，呈现每个学生个体的进步；活动五是开展每学期末入户家访。

以学期末入户家访为例，入户家访对于特殊儿童来说有其特殊的意义，教师会从四个方面策划家访活动。

一是走进环境，为下学期制订个别化教育计划做准备。特殊儿童课程生活化特点明显，学生的所有认知、体验活动离不开自己熟悉的环境。尤其是孤独症儿童，对于周围环境和事物的敏感程度是我们很难想象的，因此，学生家庭生活环境、家庭成员的变化，与下学期学生个别化教育计划的制订有很大的关系。

二是走近家长，近距离感受家庭育人理念和行为，适度支持指导家庭教育康复。只有走进家庭，看到孩子真实的表现、家长的举止，老师才能判断学生在校出现的一些不当行为的根源，对一些家长的错误教养方式，教师会委婉地提出可行建议。针对家长给孩子做的一些居家康复训练，教师也会从专业角度予以现场指导。

三是反馈情况，调研家长对班级及学校的教育需求。老师会携带学生成长档案，结合学生具体表现，与家长交流学生的进步情况。有些家长几乎放弃对孩子的教育，我们希望能唤醒他们对孩子的期盼，更好地与学校同步配合，实施教育。与此同时，我们也会及时发现教育理念先进的优秀家长，召开家长讲座，让他们现身说法。

四是注重后期跟进，家校配合同步教育。尤其是特殊学生的行为习惯养成教育方面，在校行为与家庭行为的不一致，最容易让学生出现混乱。教师和家长会结合教育康复的某些问题及时沟通，避免出现双方差异培养，降低教育实效。

3. 统筹资源，构建家校协同活动课程

随着特教学校就读学生障碍程度加重，家校共育已经成为日常课程实施的重要方式和内容，为提高家校共育实效，提升育人价值，学校尝试构建家校协同课程，将“IEP 会议”“个别化教育计划制订”“劳动教育”“月家校沟通重点”“大课堂实践”“季度主题家校活动”“家校同步节日教育活动”“学期课程汇报”“期末入户家访”“‘爱慧’家长讲堂”等系列性活动进行统筹、规范，进行课程化管理。

家校配合、家校同步、协作育人，有利于教育理念达成一致、教育过程中家校配合度提高，使特殊儿童个体差异教育也更有针对性、更有实效。面对面的家校沟通，对教育教学，学校管理，提升家校信任度、满意度等都有一定的促进作用。

（四）目标四：育“爱慧”学生

育“爱慧”学生，即使学生有阳光的微笑、感恩的爱心、坚强的自信、适应的能力。

1. 德育为先，探索“浸润式”德育

落实立德树人根本任务，首先要坚持“德育为先”。学校遵循特殊儿童身心发展规律和个体差异，对接学生学习和生活实际，开展适宜的德育。探索“浸润式”德育，重在学生体验中的获得，力求德育过程能“以有形之名，行无痕之实；在无痕之中，获有形之效”。德育重点体现在德育课程的五个对接。

第一，德育目标对接课标和学校班级主题目标，与其他学科相融合，采取主题下的德育。如依据学校“美好生活”校级主题，各班结合学期主题和学生实际需求设计德育分层目标，同时将德育与其他学科融合。

第二，德育内容对接现有的学生生活环境，服务学校和社会，服务自己和他人，实现过程育人。学校结合落实爱国主义教育、集体主义教育、劳动教育、理想信念教育、传统节日教育、学生行为习惯养成等德育内容，组织学生对校园主要通道的所有长椅、展板、文化专栏进行志愿服务，职业洗衣专业学生为住宿生清洗床上用品、校服，定期熨烫班级窗帘……通过“校园爱慧币”的使用，让学生体会自己的劳动价值所在，使学生能够理解和形成正确的劳动观，体会到劳动创造美好生活，热爱劳动，尊重普通劳动者，形成良好劳动习惯和获取基本劳动能力。

第三，德育方式对接学生个体的接受程度，多形式、分层实施。学校重视班会的开展，规范仪式、创新形式、充实内容，为提高实效，活动设计与组织过程中教师会充分考虑每名学生已有的认知经验和理解能力，分层落实。

第四，德育过程对接特殊学生特点，体现“微、透、实”。关注学生体验和感受，重在实际获得，使学生逐步形成思想认知，进而逐渐实现德育目标。在进行爱家乡教育时，孩子们从自己身边熟悉的环境入手，了解周围的信息，知道家乡是顺义，产生爱家乡、爱顺义的情感认知。

第五，德育资源对接学校、家庭、社会，尤其要充分挖掘家庭和社会德育资源。学校积极开展亲情主题教育，培养学生从爱身边的人做起，为身边的人服务，感恩身边人的付出，尝试在体验爱的同时回馈爱。充分利用校外 10 个实践基地，鼓励学生按学段增加“走进基地”的深度融入实践活动，尤其是中、高职学段学生，鼓励其学会正确面对问题、解决问题，培养适应未来可能独立面对各种环境的能力。

2. 课程建设，促进学科学段融通

课程是学校的灵魂，更是育人的根本途径。学校以“落实新课标，使用新教材”为教学的抓手和主线，整合区域优势资源，重视学生实践活动，构建适合学生的课程体系。

（1）实现三个“规范”，完善课题体系。

坚持以个别化教育方案为依据，应用主题引领下的综合课与学科课并行的课程模式，践行“爱慧”教育理念，逐步推进新课标的深入落实，规范学龄学段课标、教材精准落实。拓展学前幼儿实践课程内容，加大实践课程力度。全方位推进结构化教学，提升幼儿的个训质量，规范学前学段课程体系。对现有的职业课程进行梳理，介入“职业评量”等内容，规范职业学段课程结构。

（2）完成三个“优化”，推进教学质量。

在教学管理中“抓重点”“分层级”，围绕新课标的落实，加强对教学设计和课堂教学的指导。加强康复专业培训，结合学校康复课偏弱现状，多措并举“强康复”，将康复课安排进课表，实现对教学管理的优化。邀请家长参加 IEP 会议，参与学生发展目标的制定，根据个别化教育计划、学生各学科的学习成果资料、评估测试、教育活动资料等，为每名学生制作学期成长手册。坚持“多元化”评价，促进学生个性发展，从而优化教学评价。

（3）创建社团特色课程，满足学生兴趣需求。

学校经历了从无到有、从有到优、从选拔到普惠的社团建设，丰富了学生的体育、艺术活动。自 2017 年起，学校陆续组建了非洲鼓、中国鼓、游泳、网球、轮滑、扎染、书法、绘画等校级社团，逐步形成社团特色课程。老师们充分尊重学生的自主选择，从兴趣出发，康复与技能整合培养，挖掘学生个体潜能，搭建属于特殊儿童的展示舞台，培养自信、阳光的“爱慧”少年。孩子们最期盼的是学校期末多彩课程展示；最热爱的是每年普特共融的轮滑竞赛项目；最骄傲的是登上了央视少儿频道并获得创意节目的冠军。

3. 规范管理，聚焦课堂提质

（1）常规管理是优化教学的基础。

对于特教学生来说，一日时时是课堂，校园处处是课堂，学科课堂教学与学生在校生活融为一体。课堂教学质量提升不是能孤立实现的，需要规范一日教学及常规培养。教学干部的阵地在教室，重视管理细节。班级小至一个晨间互动、肢动训练的长期坚持，大至学生在校一日活动环环跟进，都能让孩子们的状况得到改善。干部陪伴式、沉浸式教学指导是老师喜欢且非常有效的方式。教学管理关注的问题视角，会引导教师的理念方向，教学管理重视对教师教育教学过程性评价，会带动教育教学整体水平提高。

（2）课堂提质是落实课程的关键。

课堂改变，学校就会改变。只有提高课堂教学实效才能带动学校教育教学“质”的飞跃。首先，上好每一节课。聚焦学科课、综合课、个训课，重点突破课堂教学在教学目标、教学过程、教学评价中存在的共性问题，通过常态课、评优课、研究课、展示课等方式，针对教师课堂教学现状实施分层指导。其次，尊重每一名学生。学校孤独症学生的增加，的确影响到课堂教学的有序组织。无论是陪读家长还是辅助教师，最常用的办法就是看管，不要在不经意间让孩子缺少了参与教育的机会。我们逐步从教学策略调整，去引导孤独症孩子回归课堂，注意力由短时逐步延长，参与度由偶尔到时常，引导孩子从旁观者成为体验者，逐渐回归课堂的主体地位。最后，关注每一个环节。环节一是基于每个学生的个别化教育计划，精准分析学情，确立课堂教学目标；环节二是探索适合孤独症学生的“集体教学—分组教学—个别化区域学习—回归集体教学”的结构化教学流程；环节三是教学过程体现“四化”，即情境化、游戏化、生活化、结构化；环节四是教学情境创设做到“四有”，即有生活经验、有游戏趣味、有动静结合、有分层支持；环节五是教学评价提倡“五思”，即思目标完成与否、思学生参与程度、思学生获得多少、思分层指导实效、思教学措施策略。

顺义区特殊教育学校在践行“爱慧”教育过程中，围绕“四维一体”办学目标，积极改善办学条件，营造适宜特殊儿童发展需求的育人环境。创新多种途径，塑造“爱慧”教师团队，提升干部教师的综合素养。拓展课程资源，丰富课程内容，努力提升课堂质量，在积极推进五育并举的同时，满足了特殊学生的个性需要，提高了每名特殊儿童的实际获得感。

四、把握契机　谋划发展

为落实《“十四五”特殊教育发展提升行动计划》，顺义区特殊教育学校将加快“十五年制”特殊教育学校建设，积极为学前、义务和职业三个阶段的特殊儿童青少年创设适宜的学习环境，践行“爱慧”教育理念，秉持“面向人人、因材施教”的课程理念，遵循特殊儿童青少年不同阶段的发展规律，构建以“尊重生命”为起点、“美好生活”为归宿的学段融通的“爱慧教育课程体系”，打造专业教师团队，积极推动教学改革，提升教育服务质量，创新家校社育人形式，培养特殊儿童青少年的生活自理能力、社会适应能力和职业技能，帮助他们实现自我价值和融入社会。

（一）分析需求，精准谋划

结合《“十四五”特殊教育发展提升行动计划》中的指标要求，顺义区落实“十五年制”特殊教育学校建设面临着一系列挑战，主要包括以下四个方面需求：

1. 满足未来学位需求

（1）满足人口增长带动的义务教育阶段学位增长需求。

持续5年，特教学校暑期扩班，学籍生已由2020年的192人增至2023年的260人。未来，生源会伴随着常住人口的增长持续递增。

（2）满足送教上门学生校内就读需求。

“行动计划”提出义务教育阶段送教上门比例控制在5%以内，学校鼓励更多送教学生转入特教学校就读，每年需要增加学位10个左右，来满足重度、极重度特殊儿童校内教育需求。

（3）满足非义务学段特殊儿童青少年入学需求。

全区学前阶段还有10%的中、重度特殊儿童没有选择入园或康复；高中阶段预计每年有30名左右随班学生面临初三毕业选择中等职业教育的情况。

2. 优化办学条件需求

（1）办学条件。

校园教学用地比较充足，且现有平房、楼房分布情况比较适合特殊儿童青少年学习生活。结合预计生源，“十五年制”特教学校班级总数约30个，需增设学前部和职业部。学前部已于2023年完成设施改造，职业部需补充4个普通教室和6个专业功能教室。

（2）师资力量。

现有在编教师 77 名，一线教师 53 名，学前部康复专业、学龄部特教专业和职业部双师型教师共需补充专业师资 15 名。

（3）办学资质。

学校在营业范围中已经涵盖学前阶段教育和职业教育，但由于编制调整，需要办理中等职业高中办学资质，经多方努力，目前已经完成“十五年制”特殊教育学校的资质变更。学前阶段的教育与康复有机整合，构建适宜的综合主题教育，提高康复质量是对学前部教师的专业挑战。立足特教学校和全区初中随读毕业学生高中阶段教育需求，既要严格落实中等职业高中的课程方案及实施标准，又要考虑特殊青少年学生的特点设置相应的班额、班级、专业等问题，需要科学严谨的把握和定夺。

3. 办学质量提升需求

“十五年制”特教学校建设，其根本在于落实立德树人根本任务，办人民满意的特殊教育，促进每个特殊学生更好地发展。学校对于义务阶段教育推进较为扎实深入，教学质量偏高。相对来说，学前阶段和职业阶段的课程建设与实施处于初期，学校要从专业的角度分析学段学生发展特点和教育需求，寻求专业支持，设计谋划各学段内在衔接的学校整体课程，以最快速度探索适宜的教育教学方式，推进各学段的教学质量，促进学生十五年的持续获得与发展。

4. 家校社协同育人需求

结合“十五年制”学校建设，学校与家庭、社会的联系不够紧密，缺乏有效的合作机制。学校要从学生学前至高中阶段的整体育人层面挖掘并利用家、校、社三方资源，创新形式，调动家长主动参与，发挥育人第一人的主体责任，共同促进特殊儿童的教育和发展。

（二）多措并举，整体推进

为了实现“十五年制”特殊教育学校的建设目标，在区教委的支持下，学校开展了深入的调研和论证，制订了详细的发展规划，明确了学校的办学定位、办学目标、办学特色和办学策略。积极与区教委、区残联等部门沟通和协作，执行特教特办优先政策，提供资源支持。重点对教师招聘人才引进、学前部和职业部办学条件改善、特教教师评优评先倾斜等政策提出具体保障举措，学校也随之健全了管理机制。

1. 加强学段课程建设

课程是学校教育的核心，要提高教育质量，学校就要同步完善“十五年制”课程体系。学校在课程建设中将学前阶段、职业阶段的课程与已有九年义务教育阶段培智课程自然衔接。依据培智学校2016版课程标准，培养目标向两头延伸。围绕课程目标、内容、实施和评价，构建了“十五年一体化”学段融通的课程体系。课程涵盖浸润式德育课程、学前阶段的教育康复课程、义务阶段的生长课程、职业阶段的支持性课程，辅以社团特色课程和家校协同课程。过程中实施个别化教育计划，校本化、班本化落实国家课程方案，丰富课程内容，注重学科融合、学段衔接，加强对课程的监管、指导、调适和评价。

2. 提升教师专业素养

教师是学校教育的关键。学校一方面通过招聘、选调等方式，补充专业师资力量，另一方面提高教师的专业素质和教育教学能力。课题研究聚焦孤独症儿童课堂教学策略、学前部知动训练、职业部专业技能课程建设、低中年级康复活动组织、劳动教育等内容，抓实校本教研，以研促教。在研磨学生个案、教学策略、师生互动、教学评价等细节中，提升教师育人能力。

3. 提升课堂教学实效

学校提供个性化教育服务，通过个别化教育计划的制订、多样化教学策略的运用、支持与辅助技术的提供以及融合教育环境的营造等措施，满足学生个体教育康复需求。“十五年制”教学，各学段学生特点规律处于变化中，课程内容侧重也不同，但课堂教学始终是促进学生发展的主阵地，必须保证质量和实效。学校规范一日教学及常规培养，聚焦学科课、综合课、个训课，通过常态课、评优课、研究课、展示课等方式，分层指导各学段教师提升课堂教学实效。

4. 个体差异性评价

学校以课程为抓手，关注学生德智体美劳全面发展。根据学生的特殊需求和能力，为每名学生制定个性化的学习目标和评价标准。采用多元化的评价方法，如作业、测试、课堂参与、观察、家长反馈等，全面了解学生的学习情况。教师根据学生的个体差异，调整评价标准，在评价过程中，不仅要关注学生的学习结果，还要关注学生的学习过程，并及时认可他们的努力和进步。鼓励高年级及职业阶段学生参与课程评价，让他们对自己的学习进行评价反思。班主任与家长及任课教师加强沟通，了解学生在家庭和其他课堂中的表现。精准评价为学生个性化的教育提供依据，更利于为他们提供教育支持和指导。

（三）“十五年制”学校高质量发展的思考

面对未来，要实现顺义区特殊教育学校的高质量发展，学校还需要进一步建立与“十五年制”相匹配的科学有效的管理制度和运行机制，提高学校的管理效率和管理质量，促进学校的可持续发展。

1. 构建特色课程

加强“十五年一体化”课程资源的开发和利用，通过校本研究，完善学段课程内容的自然过渡、学段课程目标的难度递进；同时辅以课题为抓手，构建学前阶段和职业阶段的校本课程，科学推进学段融通的“爱慧”课程。

2. 专业强师工程

随着学校办学规模和学制的变化，学校逐年补充专业师资力量，加大培训力度，提高教师队伍的专业素养和教育教学水平提升，以满足多学段特殊儿童青少年的教育需求。结合“区管校聘”改革，建立教师激励机制，激发教师工作积极性和创造性，建设高素质、专业化的教师团队。

3. 多元协同共育

创新家校社协同育人机制，不断加强与家庭、社会的联系，创新合作机制。积极与康复机构、医疗机构、社会组织等社会资源整合，建立合作伙伴关系，为学生提供实践机会、职业培训和社区适应支持。

4. 厚植“爱慧”文化

进一步厚植学校“爱慧”教育文化，形成“十五年一体化”的校园文化特色，努力实现“十五年”整体化育人的办学目标，使师生成就更好的自己。

第一章

塑造“爱慧”品行教师　当好学生引路人

培育“爱慧”教师　建设“爱慧”团队
提升“爱慧”品质

韩　晶

《新时代基础教育强师计划》提出“努力造就新时代高素质专业化创新型中小学教师队伍”。特教教师的高素质专业化具体体现为：高尚品行以及专业知识、专业技能、专业能力的高水平。在教学规模不断扩大的基础上，充分发挥广大教师的主体性作用，强化教科研的引领作用，全力提高新课程的教学能力，做复合型教师，全面实现教师综合素质的提升；重点培养和形成中青年骨干教师群体，完善骨干教师成长机制，建立干部教师队伍可持续发展的长效机制，全面打造一支结构合理、师德高尚、业务精湛、学术功底厚实、具有现代教育思想和创新意识、掌握信息技术、富有生机和创新活力的专业教师队伍。

近年来，顺义区特殊教育学校坚持以习近平新时代中国特色社会主义思想为指导，全面贯彻党的教育方针、坚持社会主义办学方向，落实立德树人根本任务，践行“爱慧教育”办学理念，加强师德建设，聚焦专业培养，夯实教研科研，全面深化课程建设和课堂教学改革，塑造高素质专业化教师队伍，提升学校办学品质。

一、“爱慧”引领，涵养教育情怀

师德师风是落实立德树人根本任务、培养高素质专业化创新型教师队伍的重要基础，由于特殊学生生源的变化，教师个体差异越发凸显，要做好学生未来生活的引路人，让孩子们更好地融入社会、适应社会和生活，需要教师具备良好的师德。我们学校的爱慧教育理念，指向爱和智慧，在塑造“爱慧”教师目标中就提到：爱生的态度、情感、行为和能力。

（一）完善的师德师风机制

建立和完善师德师风建设考核、奖惩机制。加强师德师风考核评价，建立教师“师德台账”；签订“师德承诺书”，牢记并履行师德承诺，用师德规范自己的教育教学行为，努力成为“爱慧”教育的践行者。

（二）建立师德师风监督机制

规范教师日常育人行为，加强对教师师德师风全过程的监督管理。学校党支部、工会联合设立“网上师德监督平台”，执行“校长接待日”，设立举报箱，公布举报电话，接受社会、舆论监督，组织“学生、家长、社会评教评校”活动，主动接受学生、家长和社会有关方面对学校师德师风的监督和评议。

（三）培育教师爱生的情怀

每学期开展全员入户家访，积极搭建家校沟通平台，达成教育共识，形成家校合力，助力学生健康成长。

（四）树师德典型引领带动

开展“最美特教人”“优秀师德群体”“师德标兵”等评比活动。树立全国师德楷模，区道德模范，区师德标兵，市、区骨干等典型，引领教师们学有榜样、做有标尺、干有方向。

（五）提升师能走向师德高境界

师德更高境界是育人成长，促人成才。助力教师专业成长，切实实现以德立身、以德立学、以德施教。

二、专业提升，提高育人智慧

根据“爱慧”教师的培养目标，结合学校教师实际，制订“特教学校爱慧智慧”提升工程方案，启动新一轮的提升工程。围绕专业理论知识、学生个体评估、专业康复技能、教学设计与组织等12项内容，分必修和阶段性选修进行培训，使教师在具体基本理论知识和基本技能的基础上，智慧地运用教育策略和方法，提高教育康复的实效。

（一）“人人读书工程”

没有阅读，就没有教师真正意义上的成长与发展。实施“人人读书工程”，使教师们利用寒暑假每学期统一学习至少一本指定专业书籍，包括《应用行为分析与儿童行为管理》《孤独症谱系障碍儿童焦虑管理实用指南》《结构化教学的应用》等，开展全体教师共同参与的读书交流、专业词语解读和案例应用分享会。

（二）聘请专家入校实践指导

每年聘请台湾特教专家鲍亦君老师指导课堂教学、专业训练、IEP与新课标的落实。聘请北师大教授、康复教育机构来校实地培训，指导教师进行康复训练评估与教学，每期培训结束后对教师进行考核，参与培训教师必须全部通过考核。各教研组结合本组的研究需求自主申报专家进行入组指导。

（三）搭建平台磨炼基本功

每年定期开展“顺义区特殊教育专职教师基本功”展评活动，为特殊教育教师搭建一个相互交流学习、相互促进提高的平台。展评活动围绕学生的制订个别化教育计划、撰写教学设计、课堂展示、说课、答辩几方面进行。引导教师主动探索特殊儿童的教学策略和方法，有效落实特殊儿童的个别化教育计划，关注学生的实际获得，促进每个学生健康成长，促进特殊教育学校教师的专业发展。

（四）建立“研训一体”教研模式

校本教研，以研促教。一是建立校本教研制度，执行干部进入教研组学期跟进制度，探寻教研活动有效模式，推进教研文化建设。聚焦课堂教学、课程改革，规范教研内容，加强教研的组织管理。教研形式：基于课程建设、薄弱学科教学、孤独症儿童教育支持、课题研究，因需设置学段、年级、学科交替并存的教研组。推进学生个别化教育计划的执行，形成学科或专业的研究共同体。活动组织结构为专业理论分享、专题研究、个体解惑、梳理提升等。

二是精选研究内容。每学期末各教研组都要对上学期的教研进行调研，分析教师的问题需求，结合共性和个性问题，选择关键性、普遍性、制约性的教育教学问题进行研究。

三是引领课题研究。开展全员性的校本研究，用课题带动教师专业提升。秉承“真发现、真研究、真改进”的要求，紧扣课堂教学，发现问题、研究问题、解决问题，不断提升专业性。保证每个教研组都要承担课题，每位教师都要参与课题研究，做到3—5年内，50%左右的教师专业研究和实践能力有明显提高。

多元培训，以“训”促专。一是针对教师专业发展缺失情况不同，每学期提供不同形式不同内容的培训：市级跟岗影子培训；动作训练、感知觉训练、沟通与交往训练、情绪与行为训练康复专业模块培训；专业机构、市特教中心组织的专业培训；市级教研员的培训学习；北京市骨干教师培训等，提高教师康复专业理论知识水平，促进实践研究，并负责校级二次培训。

二是每学期参与市区两级的实训研修，结合学校特点扎实做好研、训、学各项工作，做到三研两提一升级。三研：围绕教育教学开展，一研班级学期主题图的制定，强调多学科融合；二研集体备课，课堂教学、教康结合、个别化指导；三研教学评价，精准分析学情，强调“教、学、评”一致性。两提：围绕家校共育，提升班主任设计班会、家长会、团队活动方案的能力，强调活动育人；提升班主任家校沟通水平，开展家庭教育指导服务，探索与家长良好沟通的方式方法。一升级：围绕社会实践探索新学期实践课程的内涵发展，促进从“实践活动”到“实践课程”的提升。

三、梯队建设，保证持续发展

培养一支具有扎实的理论素养和专业基础的教师，教师的年龄、学历是梯队结构最合理的老、中、青三代相结合的优秀干部教师队伍，是学校内涵发展、优质课程建设、教育教学管理等不可或缺的力量，也是促进学校高质量发展的助推器。

（一）加强干部队伍建设

建立“特教学校后备干部培养”制度，明确培养目标，落实培养计划，充实学校后备干部队伍。

加强在岗干部历练，锻炼管理能力。带头讲政治、做表率，勇担当、聚人心，树立“领头羊”意识，有责任、有担当，抓细抓实管理细节，切实解难题、求实效，钻业务、练本领，结合新时代教育要求深入课堂，及时发现、解决学校发展中的深层次问题，成为教育教学的行家里手。

（二）实施“幸福教师成长工程”

制订教师个人职业生涯发展规划。为促进教师执教的长远规划，指导教师定制个人发展规划手册，明确自己每个新阶段的发展目标。启动“教师成长工程”，对“青年教师”“骨干教师”“成熟教师”“奉献教师”团队分层引领。

上好三课三讲。三课，即 100% 达标课，指所有任课教师要“能”顺利地上课；60% 成熟课，指奉献教师、成熟教师要结合课标教材“会”上课；30% 展示课，指成熟教师、骨干教师要巧用课标、巧融学科，上“好”课。三讲：指骨干教师季度专业大讲堂，任课教师年度讲红梅杯教学故事，期末分享会教师讲教学收获和经验。

启动“智慧课堂”，加强数字化与课堂教学融合。聘请专家结合教师们的需求进行有针对性的培训，着力提升师生信息素养，助力课堂教学。

（三）助力青年教师成长

建立和完善学校青年教师发展长效机制，制订“特教青年教师成长营”

方案，助力青年教师更好更快地实现自身的专业化成长，从而提升教师队伍整体素质和教育教学水平。

一是制订个人发展规划。从目标、措施、自我考核三个维度制订自己三年发展规划，围绕课堂教学、家长沟通、学生管理、自我提升四个方面系统思考工作中的自我要求，自我督导和检查，全面提升综合素养。

二是师徒结对。为青年教师安排固定导师，开展拜师仪式，通过师徒结对的方式帮助其尽快适应角色需求、找准定位，多方面进行学习和指导，从而提升业务水平。

三是成长考核汇报。每学期进行阶段性考核，三年为一周期。考核项目包括个人规划、读书学习、课堂教学、教科研、师德师风、班级管理等6项。部门主任还会结合日常表现进行加分，如行为举止、道德修养、安全管理等。优秀者将颁发“青年教师成长营”优秀证书。

每学期末将进行个人成长汇报，导师会进行跟踪评价，积累成长过程，形成个人成长手册。

（四）引领骨干教师成长

建立和完善学校骨干教师发展长效机制，制订特教学校骨干教师发展方案。

一是制定个人发展规划，从发展目标、现状及原因分析、途径及方法、行动计划、预期成绩五方面制订三年发展规划。

二是组建以骨干教师为引领的专业团队。紫禁杯班主任工作室、戏剧治疗工作坊、康复评估、个别化、结构化专业团队，开展不同领域的专业实践指导，提高教师的专业自信。让教师前行有目标、行动有力量，成就自我的同时形成积极向上、乐于奉献、团结协作的智慧型教师团队。

三是设立“爱慧教师季度大讲堂”，每季度安排不同团队的骨干教师登台亮相，内容涉及教师的专业特长。

提升师德修养　做德艺双馨的“爱慧”好教师

李继红

北京市顺义区特殊教育学校现有教师 77 人，其中专任教师 53 人。学校始终以师德为评价教师的第一标准，以做“四有”好老师为总体要求，以师德师风专题教育为契机，以建立师德评价制度为突破口，公开评价内容，规范考核操作程序，客观、公正地评价教师的师德师风，引导广大教师以高尚的情操做让人民满意的特殊教育教师。学校目前拥有教职员工 91 名，有全国师德楷模 1 名、北京市优秀教育工作者 1 名、北京市特教园丁奖 3 名、北京市紫禁杯优秀班主任 3 名、北京市骨干教师 1 名、区特级教师 1 名、顺义区学科带头人 2 名、顺义区骨干教师 11 名、顺义区百优班主任 3 名、顺义区道德模范 1 名。

一、以师德主题学习活动为载体，筑牢教师理想信念

师德是教师的灵魂，是教师职业理想的翅膀，教育改革需要一大批好教师，具有为人正直、有担当、敬业爱生的道德品质。提升教师队伍素质，是促进教育教学质量提高的一项根底性工作。

（一）制订师德主题学习方案

为加强新形势下师德师风建设，坚定广大教师为党育人、为国育才初心使命，学校开展了以校长为组长、以中层领导为副组长，以全体教师为成员

的“学规范、强师德、树形象”师德主题学习活动。活动采取了集中学习、分组学习和个人自学相结合的办法，让全校教师认识到师德师风教育的必要性与紧迫性，形成了教师思想政治工作全链条、全过程管理，教育引导全校教师争做为人师表的“大先生”。

（二）知敬畏、存戒惧、守底线

知敬畏、存戒惧、守底线，是教师在工作和生活中应该遵循的重要原则。这些原则不仅能够帮助教师保持清醒的头脑，还能够让教师在面对各种诱惑和挑战时保持坚定的信念和底线。

首先，组织教师认真学习《中小学教师职业道德规范》《关于进一步加强新时期师德师风建设工作实施细则》，认真落实《顺义区教师仪容仪表规范要求》《顺义区教育系统教师行为规范“八要、十不准”》《顺义区教育系统违反教师职业行为规范“八要、十不准”绩效处罚办法》，严格履行《顺义区特殊教育学校师德师风建设承诺书》，这些规则和纪律是为了维护社会的正常秩序和公共利益，教师们必须遵守。如果不遵守这些规则和纪律，就会受到相应的惩罚，甚至会失去自己的尊严和自由。因此，每位教师要时刻牢记这些规则和纪律，做到心中有数、行中有度。努力修炼自身言行，塑造高尚师德。

其次，存戒惧是指教师们要对自己所从事的工作和生活中的风险和隐患保持警觉和警惕。在工作和生活中，大家经常会遇到各种风险和隐患，如果不保持警觉和警惕，就很容易陷入其中，甚至会导致严重的后果。因此，我们要时刻提醒自己保持清醒的头脑和冷静的心态，做到防患于未然。

最后，守底线是指我们在任何情况下都要坚守自己的底线和原则。在面对各种诱惑和挑战时，我们很容易被眼前的利益迷惑，从而放弃自己的底线和原则。但是，如果我们放弃了底线和原则，就会失去自己的尊严和价值。因此，我们要时刻牢记自己的底线和原则，做到不越雷池一步。总之，知敬畏、存戒惧、守底线是我们工作和生活中必须遵循的重要原则。只有时刻牢记这些原则，才能够让我们在面对各种诱惑和挑战时保持清醒的头脑和坚定的信念，做到不迷失方向、不失去自我。

二、以专项整治活动为契机，抓实师德师风建设

特殊教育学校教育对象的特殊性在某种程度上决定了教师队伍构成的复杂性，也决定了特殊教育学校教师的职业特点。职业素质要求的高标准、多样化是特殊教育学校教师职业的最大特点，他们是特殊学生个性化教育需要的诊断者、评估者，学生个体缺陷的补偿者和潜能的开发者。

学校持续深化“学党史，明师德，正师风”师德专题教育成果，启动“树师德，正师风”师德师风专项整治活动，积极引导广大教师坚定“为党育人、为国育才”的初心使命，以德立身、以德立学、以德施教，确保把师德师风建设作为教师队伍建设的首要任务。通过深入学习习近平总书记关于师德师风的重要论述、新时代师德规范、师德优秀典型先进事迹、违反教师职业行为十项准则典型案例等相关内容，推动党史学习教育与师德师风建设协同推进。编发《师德警示教育手册》《教师师德手册》，常态化开展师德警示教育。

三、活动渗透，提高教师职业道德素质

每年教师节的师德表彰会，激励教师爱岗敬业；五四青年节的外出拓展，磨炼青年教师的意志品质；各部门的评优奖模，激励教师的进取意识和竞争意识；每月党员以及积极分子的党课，各部门每两周一次的集体政治学习，增强教师对国情、民情的了解和守法、护法意识，增强教师依法执教的法律意识……以上活动渗透在教师的日常工作和生活中，使师德建设更富于实践性、激励性和实效性。

四、典型引路，提升教师职业道德素养

树立教师典型，进行目标激励，以达到激励教师群体的作用。教师典范要具有代表性、说服力，为群众所认可。首先，确立教师典型：劳动模范，

先进教师，师德标兵，优秀教师，市、区级骨干。其次，将他们的事迹编辑成册，宣传、推广教师典范，通过电视、广播、报纸等新闻媒体和各种报告会，广泛宣传他们的事迹，使先进典型成为有口皆碑的公众楷模。学校今年先后有多位教师的先进事迹在顺义电视台播放。

师德建设是一项复杂、艰巨的心灵塑造工程，需要良好的舆论引导和环境熏陶。因此，学校注重提高教师典范的待遇，给予他们优先晋级、考核、职称评定等不同形式的奖励，以充分体现学校对他们的认可和尊重，达到奖励先进、激励教师群体的作用。

五、加强师德考核评价，塑造高尚师德

加强师德师风考核评价，建立教师“诚信档案”，引导教师争做“四有”好老师，争当“四个引路人”。通过多渠道、多形式加强宣传优秀典型，树立学校师德典型。

（一）建立和完善师德师风建设考核、奖惩机制

建立健全教师师德师风考核制度，把师德师风作为教师月度、学期、年度考核工作的重要内容和职务聘任的重要依据。在教师年度考核、职称评定、职务晋升、评先评优工作中，建立“师德师风一票否决制”。

（二）建立师德师风建设监督机制

学校党支部、工会联合设立“网上师德监督平台”，执行“校长接待日”和工作制度，建立“师德台账”，设立举报箱，公布举报电话，接受社会舆论监督，组织“学生、家长、社会评教评校”活动等形式，主动接受学生、家长和社会有关方面对学校师德师风的监督和评议。认真听取各方面的意见和建议，积极改进工作，推动师德师风建设。

（三）开展“最美特教人”评比

每年 6 月份进行评比，教师节进行表彰。学校将综合党建、教学、师德、工会等各方面内容制定评比标准，采取成绩考核和民主评议等形式评出师德高尚、业务精湛、榜样师范、群众威信高的“最美特教人”。

教育事业是一项可以给人以双倍精神幸福的劳动。教师劳动的收获，既让自己感觉到成功与幸福，更让学生感觉到进步与快乐。尊重学生的发展个性，会使师生生活在一种相互理解、尊重、关怀、帮助、谅解、信任的和谐气氛之中，从而真正体验到做人的幸福感与自豪感。特教学校的教师用爱心和智慧作为从事特殊教育的双翼，无论是领导班子还是教师无不充分体现出勃勃生机和昂扬斗志。这支队伍，以“建爱慧乐园、塑爱慧教师、育爱慧学生”为目标，“张开爱的怀抱，放飞智慧的翅膀”，用爱和智慧的种子，培育智慧的学生。

激发教师成长活力　推动学校内涵发展

张宏巍

为激发教师成长活力，推动学校内涵发展，顺义区特殊教育学校以“爱慧教师特殊教育基本功培训”为主题，开展系列活动，促进教师专业化发展，建设高素质特殊教育专业化教师队伍，全面落实校本研究与教师成长要求。多年来，学校广开培训渠道，坚持走“教研训一体化”道路，努力造就一支师德修养高尚、业务素质精良、教学技能全面、教学基本功过硬、具有一定教科研能力、适应新时期新课程改革需求的特教教师队伍。

一、加强师德建设，争当新时代“大先生”

全体教师签订并重温“师德承诺”，牢记师德承诺，履行师德规范，用师德规范自己的教育教学行为，努力成为“爱慧”教育的践行者。组织全体教职工学习掌握师德师风建设的政策法规，深度剖析自身师德师风存在的问题和不足，进行自查自纠，规范教育行为，培育高尚师德。广泛开展区、校两级师德标兵、群体评比，积极宣传身边师德标兵的先进事迹，逐步培养一支有理想信念、有道德情操、有扎实学识、有“爱慧”情怀的优秀教师队伍。

创新学习形式。不断完善师德师能学习。自学、教研组交流与专题讲座相结合，做到个人有笔记、教研组有交流、集中有签到、工作有考评。

采取个人自学与集中学习相结合，个人思考与座谈交流相结合，讲课辅导与集体讨论相结合，促进教师不断提高自身师德修养，不断提高自身业务能力。

加强学习考评。坚持学以致用，以评促学。抓实集体解读，辅导重点难点；个人自学，规范学习笔记；讨论交流，举办演讲、评优活动，将师德师风教育与师能、专业提高紧密结合起来，不断提高学校校本培训的针对性和实效性。

学校师德培训工作，以积极开展群众路线教育实践活动为指针，认真学习党的二十大精神，认真贯彻落实市、区两级《关于加强教师职业道德建设的若干意见》，配合区开展的师德教育活动，经常性检查、督促教师职业道德规范的执行和落实情况，坚决杜绝教师队伍中体罚学生等严重违反师德的情况，积极引导教师以先进为榜样，提高师德修养，努力塑造教师良好的师表群体形象。

培训使教师掌握教科研的基本知识，提高特教教师进行教科研的自觉性，提升教科研水平。解决实施新课程过程中存在的问题，提高教师对教科研内容的选择、研究形式与方法的确定、研究过程的实施和研究成果的总结等方面的能力。我们开展有目的、有计划的专题教科研培训，发挥教研组、备课组、课题组群体的合力优势。开展小课题研究培训，培训选择课题、设计报告、立项、总结研究成果、开展课题活动的能力等。运用理论和实践联系的方式，培养写作教科研论文和经验总结的能力。组织教师积极撰写教育教学论文，参加各种级别的论文评选和各级论文竞赛活动，鼓励在正式报刊发表论文和经验总结。继续实行“四个一”工程，即每学期写一篇优秀教学论文、写一篇优秀教案、上一次优质课、写一篇优秀教案。

二、深化业务培训，提升教师综合素养

通过理论学习，特教技能训练和教育教学方法的研究与实践，使全体教师爱岗敬业，品德高尚，掌握现代特教教育思想，更新教育观念，具备

较为扎实的特教教育教学素养，富有改革创新意识，不断提高其学习能力、教育科研能力和教育教学能力。通过培训，增强特教教师业务功底，达到“新教师要过关、青年教师要过硬、骨干教师要优质、老教师要适应”的要求。

加强特教专业理论学习。学习现代教育理论和学科发展前沿理论，学习国内外、校内外课程改革的先进经验、课例，学习研讨“优秀课例”，使教师掌握校本新课程知识结构和编排体系，掌握特殊教育课程改革新动态。

积极开展教师专业培训。以“教研培训一体化”为载体，实施校本培训，提高教师专业化水平和能力。

提高教学行为“六种能力”：一是提高 IEP 制定能力；二是提高 IEP 实施能力；三是提高教学组织能力；四是提高实践反思能力；五是提高现代教育技术应用能力；六是提高教学质量的监控能力。

注重两种培训：一是教育科研能力的培训，注重研究过程的积累，强化承担科研课题研究的教师在常规教学中进行研究实验的力度。二是以教研组为主阵地，加强特教课程改革解读与实践；加强新课程理念下教师角色及教学方式，学生的学习方式的转变，教学策略、评价制度改革的学习培训。

锤炼教师基本功。学校实施的“爱慧”教师岗位培训，以学习现代特殊教育理论为常态，强化教育观念的转变与行动，更新和拓展业务知识，进行教育教学能力和技能培训，适应“爱慧”教育的需要。熟悉课程理念、课程标准、课程功能和教学方式上的重大变化，达到更新教育理念、改变教学方式、提高教学质量的目的。在校内积极开展多种形式的教材教法学习研究活动，有效提高广大教师实施新课程的能力和水平。

在加强理论培训方面，以解读《培智学校义务教育课程标准》为例，领会其精神实质，明确教育改革的指导思想、改革目标及具体要求，使所有教师弄清课程标准内容，理解学科教学的性质、地位、理念及目标，正确把握学科教育的特点，建设开放而有活力的学科课程。

三、开展多元培训，营造全员共成长氛围

抓好教师的业务学习。制订周密的业务学习计划，每周五下午的业务学习以“统一主题，集中与分组学习为主”为原则，确保学习有计划、有内容、有讨论、有中心发言人、有记录、有实效、有检查，并开展教学反思交流。提高培训反思能力、课堂教学实践能力、教学评价和检测能力。要做到：教师在学习过程中既要有摘记，又要写下教学中的心得体会，学校定期检查，并在学期末进行评比。

开展组织示范课、汇报课、辅导讲座，提高操作能力。有计划组织教师区域内进行听评课，结合听课的收获和自己的感想，写出学习汇报材料，上好汇报课，带领教师吸纳教育新理念、新方法，发挥以点带面的作用，达到“一人学习，多人受益”的效益。专任教师除参加上级组织的培训和学校的集中学习外，个人有学习、研修、提高计划。同时，为使全体教师尽快适应新课程实施的要求，学校配合上级的教师培训计划，组织和安排好教师的培训工作，确保培训工作做到“五定”，即定时间、定人员、定地点、定任务、定内容。为促进教师进步，努力搭建交流学习的平台，要求学科教师互相听评课，形成大家都深入课堂研究教学的良好氛围。继续组织教师参加多媒体课件制作和“班班通”使用技能的培训，以提高教师制作和使用多媒体课件进行教学的技能。

营造良好的研修氛围。学校把校本研修与教育教学、教研活动紧密结合起来，从学校和教师的实际出发，通过培训解决学校和教师的具体实际问题，提高教师的教育教学和教育科研能力。

教研和集体备课活动常抓不懈。每周五下午定为集体备课时间，充分发挥每位教师的才智，研究教学内容、学生及教学方法。通过活动切切实实解决教学中存在的问题，提高课堂教学质量。

学校围绕新课程的深入实施，教研组组织主题性的反思教学实践活动，引领教师用新的理念反思自己的教学，反思自己的成长，反思自己的发展。

及时记录自己的反思所得，精彩的一刻、难免的失误、新颖的设想，并从中捕捉典型，撰写案例、设计反思、论文等，指导教学实践。

开展网络研修活动。充分利用网络直播系统，发挥骨干教师等教育资源的带动辐射作用，提高研修质量，组织教师开展网络阅读交流活动，鼓励教师建立博客撰写网络日志，丰富教师成长档案袋内容；组织教师围绕典型课例开展网上议课活动，帮助教师诊断课堂、研究课堂、改进课堂，丰富教师课堂教学实践知识；组织教师开展网络论坛活动，围绕实践提出主题，运用网络对话交流平台展开探讨和交流。各任课教师还要注重从实际出发，大胆创新，探索不同风格与特色的专业训练方式方法。

四、加强梯队培养，赋能不同层次教师发展

大力加强教师队伍建设，重点培养中青年教师。认真开展以探索构建“务实、高效”的教师队伍为主题的培训和研讨活动。学校将建立相应教学教研制度，详细制订出新教材培训计划。加强对各学科教师的培训，使他们在实施新课程前，对新课标有所了解、有所认识。鼓励教师参加评比活动，成为各学科带头人。对中年教师提要求，压担子，促提高，给他们创造更多的机会展示才华，进一步提高他们的教学和研究水平，带动更多的教师以他们为榜样。骨干教师师徒结对，认真抓好青年教师的理论学习，在教师中开展读书活动，培养青年教师的读书习惯。对具有发展潜力的青年教师以其课堂教学流程的诊断分析为突破口，从课堂组织、课堂教学、教学研究等各方面把关。

五、深化课题引路，以教科研促进教师成长

积极推进校本专题研究，以教科研促发展。坚持“立足课堂，营造特色，提高质量”的原则，以学校课题研究为主。要瞄准教科研的重点、热点、难点，充分挖掘提炼。在课题研究活动中，充分发挥骨干教师、教研组

长、课题组成员在教研方面的核心带头作用，相互学习、共同提高，活跃学校的教研气氛与提高学校教研水平，为校本研修增添新的活力。

同时抓好“一人学习，众人受益”式培训。学校选派骨干教师或青年教师外出学习、培训，回校后要求他们写学习汇报材料，并利用校本培训时间对全体教师进行培训，传达学习精神。培训可采用专题讲座、经验交流、上汇报课、学术沙龙、教师演讲比赛等多种形式，产生“一人学习，多人受益”的效应。

基于专业发展的特教教师培训的走向与思考

张宏巍

北京市顺义区特殊教育学校作为一所培智学校，与普通学校的区别即为可根据学生的康复和发展需求提供科学的个别化教育，而提升学校教师的专业能力是为特殊学生和家庭提供特殊教育的重要保障。学校立足人本性、长远性、主动性，以培养专业型教师为教师培训工作的目标，提升教师专业知识和技能。

随着特殊教育的快速发展，培智学校的学生障碍程度逐渐加重，障碍类型趋于多重或精神障碍。因此，学校教师队伍结构、现有专业素养都对教师专业水平能力提升工作提出严峻挑战。怎样的培训内容才是教师真正所需？什么样的培训形式才是切实可行、行之有效？这是我们一直思考的关键要素，也是学校基础性、引领性的重要工程项目和重点工作。

一、立足人本性，让培训成为教师专业成长的福利

教师是一个需要终身学习的职业，专业培训则是贯穿特教教师教学生涯的重要工作，是专业成长的重要途径。学校在教师队伍建设、培训工作中结合特殊教育改革发展、课程建设和教师专业成长等开展了很多行之有效的探索。

（一）调研需求，教研与培训相结合

了解教师的需求是进行卓有成效的教师培训的第一步。学校通过干部日常听评课、进教研组参与教研、调研教师的提升需求等环节开展基于教学质量提升的培训。

通过问卷调查分析，在培训内容上，老师们首先更需要教学策略培训；其次是专业理论如何有效实施培训；再次是孤独症学生情绪问题处理培训；排在最后位的是班级管理培训。这些培训内容和教师的专业成长密切相关。

根据培训需求，学校通过强化教研组的主题研究来引领问题的解决。每个教研组聚焦实际问题，形成教研主题，并将共性问题提升为科研课题，形成一种螺旋提升的研究模式。在调研中我们发现，案例式教学、课堂观摩、专题讲座和经验交流是老师希望的培训方式。因此，学校要创造更多的机会开展市、区、校级教学交流，搭建多层次的平台让老师们打磨专业，提升综合素养。

（二）交流展示，学习与研讨相统一

开展各级各类公开课、研究课是学校教学工作的常态，调动教师的积极性、发挥教师的主体作用是关键。学校自“十三五”以来，每学期学校都会安排市、区级骨干教师做示范课、青年教师做研究课，并结合“兰馨杯”课堂教学评优活动进行评价，同时邀请市、区专家走进课堂教学进行案例式的研修培训，让老师感受到最“落地”的培训。近三年来共开展了市、区、校三级研究课300余节，在北京市特殊教育教师基本功评比与展示、北京市“京教杯”特殊教育教师和融合教师作业设计基本功展示、教育部组织的精品课评比与展示活动中，学校的参赛教师都获得了一、二等奖的好成绩。在顺义区特殊教育教师基本功活动中，学校全体任教教师进行“大比武、大练兵”，在培训、再学习、深度研究、拓展实践过程中提升教师基本素养，最终有20名教师脱颖而出。每一次的培训与展示活动，教师都从学习者的视角积极参与，逐年进步，使得教师培训实现学习与研究的相辅相成。

二、注重长远性，使培训与学校未来发展相整合

学校的未来发展决定了教师的专业发展，培训的内容和形式一定要基于教师的发展需求。不论是学校发展还是教师专业发展都是长远规划。基础教育年，学校的重点工作是优化学校管理、加快课程建设、改善校园环境、推进课堂教学质量。因此在设计和组织教师培训时，主要在学校管理、课程建设、课题研究等方面力求突破。如学校开办“爱慧教师大讲堂”，涉及教育教学、班级管理、专业康复等领域，鼓励不同层次、不同梯队的教师将自己的专业优势、培训后的研修成果以及不断积累的专业能力进行分享交流，传递给每一位学习工作的伙伴，不断拓宽教师眼界，丰富其专业储备。

教师的培训工作还需从提升学校教科研水平出发。“十四五”期间，学校共有 10 个课题成功立项，鼓励教师人人参与课题研究，结合自身专业特长的同时，也考虑自身专业短板，发挥特长的同时，又以课题研究引领自己在专业不足处进行扩充、学习，补足专业短板，成为既有自身专长又全面发展型专业教师。学校在对教师培训工作进行设计时，从教科研工作的短板出发，取长补短，有的放矢地提升教师教科研能力。学校鼓励各个教研组、课题组，承办不同主题的研讨活动，教研组间建立共性教研和个性教研相融合的形式，形成高效教研模式，组织教师精心准备推动课程改革的研究内容，促进教师专业发展。教研活动邀请不同领域的专家做权威点评，通过卓有成效的教科研活动，帮助教师快速成长。

三、关注主动性，让培训激发教师成长内驱力

随着“十四五”教师培训的开展，全员教师培训制度、教师培训学分制度的推进，教师培训已成为常态。如果教师培训浮于形式，只会成为教师的学习负担，只有培训的内容着眼于教师需求、服务于教师发展，培训方式体现教师的主体地位，才能激发教师专业成长的内驱力，成为真正有意义、有

效果的培训。

顺义区特殊教育学校不断探索，通过多种活动激发教师成长的内驱力。如有学习培训的安排后，学校派出有该领域发展需求的教师去学习。培训后，在校开展讲座进行集中研讨，教师带着需求去学习，带着问题去实践，带着任务回来，通过“压担子”“铺路子”“搭梯子”提升学校教师专业素养，帮助更多教师获得专业成长，实现真感受、真收获、真建议，让培训者都有所悟，更让聆听者有所得。

教师培训内容服务教师发展，立足于教师专业的个性化发展，基于教师特点鼓励和促进教师教学形成个人风格，在教师教学风格形成的不同阶段给予教师专业化的帮助和支持，以内驱力助力教师实现自身的特教生涯专业发展。

教师专业素养的提升是特殊教育学校一项长期工程，更是提升特教学校办学水平、提高区域特殊教育质量的重要举措。顺义区特教将不断提高教师队伍的专业化水平，实现顺义区特殊教育高质量发展。

深度解析 抛锚式探索 IEP 实施新路径

王亚东

个别化教育计划，简单地说是指为某个学生制订的教育计划。具体而言，IEP 是一份由学校和家长共同制定的针对学生个别需要的书面教育协定，它应记载学生的评定结果、该年度需提供的教育安置、相关服务及教学目标等。多年来，顺义区特殊教育学校一直为每一名在校学生制定 IEP，但伴随着特殊教育课程的改革以及学校教师的专业发展，我们不再局限于儿童现状，计划期限内的长短期目标，计划评定方式、标准以及评定日期这些基本要素的呈现，在考察评量后，我们深入学习了北京市昌雨春童康复中心的 IEP 体系，历经三个学期的探索，结合学校实际规范、调整了学校学前康复部学生的 IEP 制定，最终在学校、家长的支持、配合下成功完善了学校学前康复部学生 IEP 的制定过程。

一、深度解析兼具先进理念与实操成效的 IEP 体系

昌雨春童是一家多年来深受台湾先进特殊教育理念浸润及专家指导的残疾人康复机构，他们的 IEP 体系历经了北京市残疾人康复中心多年的督导检阅，经过了残疾孩子家长们的反复比较，并获得了家长们的认可，基于以上原因我们选择深入解读、借鉴他们的 IEP 体系。

学校邀请了昌雨春童的刘红艳老师，为我们介绍、讲解他们 IEP 体系中

的每一张表格（即学生基本资料、学生增强物调查表、家访记录单、个案综述、评估结果分析、儿童发展地图评量报告 IEP 会议记录、长短期目标、教学安置，等等），同时也讲解了表格的意义、获得信息的途径、如何规范填写表格、如何分析总结等，以及 IEP 目标与主题教学的对接等一系列问题，如活动目标统整、一学期主题活动的确定、主题活动分析、周主题活动计划、教学活动设计等。

根据学校实际情况，确定我们的 IEP 表格中哪些内容需要完善、哪些内容需要完全借鉴、哪些内容在借鉴的基础上需要进行调整等，经过深入的探讨与研究，我们决定沿用以往学生的基本资料表格，完善家访记录单、个案综述，借鉴强化物调查表、评估结果分析、儿童发展地图评量报告、IEP 会议记录表格，借鉴并调整长短期目标、教学安置的表格。

最后，我们确定好人员与时间，部署为一名学生单独召开规范的 IEP 会议（以往的 IEP 会议我们都是以班级为单位，同一时间集体式召开）。

二、依托抛锚式教学，探索完善 IEP 体系

基于抛锚式教学（也称“实例式教学”或“基于问题的教学”）的启发，我们开展了抛锚式的探索。

初次尝试，收获良多。第一次抛锚式教学尝试由学前康复部的王老师、彭老师承担。由于两名老师均为特殊教育专业毕业，在实施的过程中，结合了自己的所学与学校实际情况提出一些有针对性的问题，如评估结果分析与儿童发展地图评量报告的部分重合问题，通过讲解，了解到评估结果分析表格为昌雨春童所实施的双溪课程的分析表格，而在我们的教学中并没有使用这套课程，故这张表格可以省略，然后把我们所使用的孤独症儿童能力测量表、全人疗育评估量表或其他量表的结果分析加入其中，从而起到综合评估的效果。另外，在召开 IEP 会议的过程中，家长真的参与到了孩子 IEP 的制定过程中，他们都很感动于老师对自己孩子的细致观察，并对孩子长短期目标的制定提出了自己的想法，更值得肯定的是这两名孩子的妈妈，因为各种

原因都在孩子的教育中处于缺失状态，通过这次的 IEP 会议，均表示今后要积极参与到孩子的教育康复中来。

在第一次的初探后，我们迎来了第二次大规模的实践，学前康复部的每位老师都参与了进来。如果说第一次尝试首先要求的是形式上有模有样，那么，第二次的尝试则是精益求精，要求关注到每一个细节，从现状描述的维度、儿童发展地图中各领域发展互相影响的原因推断，到长短期目标的描述以及教学顺序检核表的补充，甚至是表格的表头、字号等都做了细致、统一的调整。同时，在召开 IEP 会议的过程中，老师们与家长在沟通上也更加顺畅了，从引导家长介绍一些老师在校不能了解的孩子的表现到发现家长在教养孩子上哪些行为需要改进以及与家长达成一致，完成家校协同促进孩子康复上都更有成效了。

最后一次的实践，在完成以上所有调整的基础上，老师们选择为同一个孩子召开第二次 IEP 会议，同时对于长短期目标中的中期评估、末期评估以及教学决定如何填写有了确实的操作，至此，学前康复部的老师们完成了 IEP 的完整实践。在今后的探索中，老师们将会继续探索 IEP 教学目标与主题教学目标对接的诸多问题，如周计划安排、课时教学设计的调整。

个别化教育计划的制订是根据每个儿童身心发展特点和实际需要所制订，它为儿童教育和身心发展提供了一个总体构想。个别化教育计划的制订，教师首先要确定学生具有哪些足够的能力，不是像传统的方式那样由教师提供教学内容，而是由学生的能力确定他的学习内容。学生的能力是发展的，因此个别化教育计划必须不断修正，才能真正提高教学康复成果，达到教学目标，我们将在保证规范操作的基础上，为每一名特殊孩子制订适合自身的个别化教育计划，不断完善，以促进孩子的成长。

享受教育　收获幸福

韩　晶

自从2006年走上特教岗位，我就把“阳光优雅，自主自信”作为培养学生的信条，与残障孩子成为朋友，让每一个残障学生都能在我的爱和责任的浸润下，成为自信、阳光、优雅的孩子。

一、做学生喜欢的老师，让班级成为乐园

“功能化、任务化、个别化、情感化”，“四化育人”是我的班级管理特色，孩子们在不同的功能区体会着环境带来的信息刺激，生物角让他们观察到了身边生物的成长过程，培养了他们的爱心和责任心；玩具区让他们在闲暇之余提高了动手操作能力以及整理物品的能力；班级事物任务化，让孩子们在图片任务单的视觉提示下，明白一日常规活动，让早间时光变得安静有序，潜移默化地培养了孩子的自我管理能力；个别化明星打造工程让孩子们成了主持明星、游泳明星、独立明星；情感化的沟通奠定了我和家长们彼此信任的基石，耐心、真心、诚心让我和家长成了知心朋友，成了孩子们最喜欢的韩妈妈。

二、上孩子们喜欢的课，让康复成为亮点

顺义区特殊教育学校生命课程主题教学以综合课和学科课的形式呈现，

我的课堂教学立足评估，设计了学生们喜欢的主题，给予每个孩子都能成长的趣味教学。新课标实施后，在专家的指导下，进行班本化调整和实施，使之更满足个性化需求。绘本辅助教学、知动训练等巧妙融入主题教学，新颖的体验式设计，让市级研究课《小记分员》获得了教研员们的一致好评；《我们的小蚕》《大美新疆》分别获得市级课例二、三等奖；我参与的课题研究“自编童谣在中重度培智课堂教学中的应用”获市级一等奖；2012 年我在北京市特教教师基本竞赛中获全能二等奖。

三、长孩子们需要的本领，让学习成为源泉

作为连续两届的市级培智教研员、校教研组长，在新一轮的课程改革中，我带领全校教师研读新课标，调整 IEP，完成教材手册的编写以及“四好”课程评量讲解使用。怀揣着专业梦想走进重庆受坪山庄学习新课程评估和 IEP 实施，并结合学校的实际情况进行实践，用专业知识帮助教师专业成长。

13 载特教春秋，我感受最多的是甜蜜，这甜蜜让我被评为“北京特教园丁”、北京市紫禁杯班主任、顺义区百优班主任、顺义区先进教育工作者、顺义区师德标兵，并连续三届被评为顺义区骨干教师，连续三年获评区优秀共产党员，先进事迹在区党员大会上展播。

奉献特教是我无悔的追求，我将在教育康复的岁月中继续品味无尽的甜蜜。

立足科研结硕果　潜心康复再扬帆

武红静

我热爱本职工作，思想积极要求进步，认真学习相关法律法规，严格要求自己，能从残疾孩子的需求出发，能发挥骨干教师的示范引领作用，促进学校教学和小学信息技术学科教学工作不断发展。

一、心中有学生，促进学生发展成长

只有热爱学生，才能想他所想；只有心里装满了学生，才能真正促进学生成长。用大爱做小事，是我工作生活最真实的写照，在日复一日的平凡岁月里，用心感悟爱的真谛。

通过前期调研，我了解了每一个学生的残疾情况，克服没有教材、学生残疾程度重等困难，结合学生的实际，根据课程设置方案和教学内容。

学习画图软件时，我引导学生根据教材认识软件的窗口组成、功能区、选项卡，熟悉以后再学习工具和命令。我还为他们准备了有图示的“操作小助手”，并采用“教师演示、学生模仿”的方式开展教学活动，充分发挥了他们的优势，提高了课堂教学的实效。

我尝试分层教学，满足不同学生的学习需要；充分发挥能力强学生的引领作用，通过同学互助，帮助残疾程度重的学生完成学习任务；以学校开展的“积分奖励”活动为契机开展教学活动，学生表现出色时，就发一枚小校徽给予鼓励，调动学生学习的积极性。

由于学生具有残疾，导致他们的抽象逻辑思维能力较差，表达能力不强，为此我就有意识地训练学生的表达能力。在学生完成作品以后，我鼓励学生发言、评价作品。慢慢地，学生们由原来的不知道说什么到现在能发言，个别学生由原来的什么也不说到现在也有了一些简单的表达。看着他们的变化，感受他们的成功，我觉得非常自豪。

二、学习新理念，提升教育教学效果

信息技术飞速发展，推动了教育从目的、内容、形式、方法到组织的全面变革。为此，我联系学生实际，结合新课改理念，实践新理论、新教法，努力培养学生良好的信息素养。

新课改要求“以人为本”，主张发展学生的个性。在教学中，我注意强调学生为主、教师为辅的师生地位，设计符合学生实际的教学内容和任务；新课改要求改变单一的以讲授为主的教学方式，我就请教领导、同事，研究教学方法，最终确定“以任务驱动为主、以直观演示为辅”的课堂教学模式。任务驱动，激发了学生的积极性，培养了学生的学习能力；直观演示，则更好地让学生看到操作，理解知识，这一模式取得了很好的教学效果。

教育部在《关于全面深化课程改革落实立德树人根本任务的意见》中提出要培养学生核心素养，我积极寻找培养学生素养的途径和方法，打造出了“有合作、有生成、有质疑、有体验、有温度”的生命课堂。

作为一名市级骨干教师，我在教学中勇于实践，积极探索教育教学新途径、新方法，并进行实践尝试——制作演示文稿、图片的操作、人工智能初体验等开放课，受到听课教师的好评，真正做到了经验输出。

建构主义理论认为，教师应该在课堂教学中使用真实的任务和学习领域内的一些日常活动或实践，它们有助于学生用真实的方式来应用所学的知识，同时也有助于学生意识到他们所学知识的相关性和意义。在这一理论的指导下，我注意设计符合学生生活实际、与学生联系密切的情境和任务，学习也变得轻松而有趣，在已有经验的基础上通过任务、合作等手段获取新知，使学生们完成了对新知识的意义建构，而这也会使他们受益终生。

三、通过多途径，提高教育科研能力

在做好教育教学工作的同时，我还通过各种途径，提高自己的教育科研能力。因为我深知：没有科学的方法，就不能更好地指导实际工作，也就不会取得较好的教育教学效果。

我有幸参加了“特殊教育名师工作室”，这既是对我的鼓励，也是对我的鞭策。学校名师工作室组织的各种活动，都让我有收获、有提高。“听课、评课”活动让我对残疾学生的教学模式、方法有了深入的了解；“名师献课”活动让我的教学能力得到了锻炼和提高，获得了较强的教学实效；课后，我及时反思，查找不足，为后续的教学活动奠定了基础；“教学反思”活动让我从各位成员身上学到了很多知识和教学方法；“理论讲座”使我了解了孤独症孩子的特点及教育方法，知道了结构化教学流程，体会到“结构化教学”在孤独症儿童教学中的重要作用，并结合理论讲座进行教学实践，为孤独症学生创设结构化教学环境，设计结构化教学资源，对稳定学生情绪、促进学生认知、提高学生精细动作能力和协调能力起到了较强的作用。

作为全区信息技术兼职教研员，我积极和中心组的教师一起活动，并在活动中贡献力量，做到专业引领。几年来，听课、评课百余节次；指导、修改教学设计 100 多篇，多篇获国家级奖项；指导多名教师参加了市级评优课的录制；指导、修改说课稿 10 多篇；还承担了两次全区的信息技术教材分析、两次区级讲座、一次国家级项目培训讲座；连年参加了全国信息技术课程案例大赛，分别获得了一、二、三等奖，案例还被收录在《中国基础教育学科年鉴・信息技术卷》中。

为了提高自己的科研能力，我还积极参与科研课题的研究。“顺义区特殊教育学校教育信息资源库建设与使用的研究”是我和同事负责的课题，我们积极查找资料，调查、访问，掌握了第一手材料，并成功建设了学校资源库，制定了入库资源的标准，填补了北京市资源库建设的空白，对全市特教资源库建设有着非常重要的借鉴作用。2016 年，Scratch 教学引入小学信息技术课堂，为了探索教学新模式，发挥骨干引领作用，我参与了国家级课题“Scratch 游戏化编程在翻转课堂教学模式下的应用研究”的实践研究。2018 年 6 月，我与顺义区小学信息技术中心组成员共同参与的市级课题“基于 Scratch 语言的小学信息技术课堂教学研究”顺利结题。2021 年，我承担了“利用数字工具提高教师信息化教学能力的研究”科研课题，还组织课题组成员一起研讨确定适合特教教师教学办公的数字工具，并编制教程开展学习培训，在学习培训过程中收集资料和成果，定期交流反馈，改进研究方法策略，不断提高学校教师的信息化教学能力。除了论文、课例等研究成果外，我还参与编写了教材《入门教程 Scratch》和《人工智能的入门与实践》，在全国发行。我在科研中提高了自己的能力，还发挥了示范引领作用，辐射带动身边教师发展。

百年树人，教师的工作任重道远，我会继续努力，立足本职，由爱出发，加强理论学习，注重教学实践，培养学生的信息素养，促进学生更好地康复发展。

第二章

构建“爱慧”课程体系　激活成长新动力

新课程标准下的“爱慧”课程实践探索

王　颖

顺义区特殊教育学校以“爱慧”教育为办学理念，遵循“尊重差异，珍视生命”的原则，引领师生张开爱的怀抱，放飞智慧的翅膀。经过多年实践探索，逐渐形成了符合学校长远发展、适合学生教育康复需求、构建一体化的“爱慧教育”课程体系。

一、课程实施分析

学校地处城乡接合部，学生人数呈逐年上升的状态，且以中重度孤独症、智障学生为主，70% 以上学生来自农村，家庭经济能力和城区有一定差距，还有少部分是贫困家庭。学校虽地处郊区，但周边有着丰富的课程资源，在落实国家、校本课程的过程中，有着独特的地区优势。

学校课程建设走过了三个阶段：

（一）自编教材，校本实施

2007 年以前的学生以中度孤独症居多，学校根据学生的情况先后编写了 3 套校本教材，从手写手绘到电子打印与手绘相结合，再到全部电子打印、绘画，历经近 10 年的时间，最终编写出了“生活语文、生活数学”等一年级至九年级共 36 册校本教材及配套练习手册、电子教材。

（二）综合课堂，适应学情

2010 年以后，随着学生障碍程度的逐渐加重，类型增多，原有的自编教材和课程已经不适应学生的教育康复需求，为此学校在充分调研的基础上，借鉴其他学校的综合课程经验，于 2013 年年初，开始进行综合课程实验改革，将原来的生活语文、生活数学、生活适应、休闲娱乐、劳动技能等学科纳入综合课，保留音乐、体育、美术等学科课，实行学科课与综合课并行的课程模式。

（三）落实课标，对接主题

2016 年培智课程标准颁布实施后，新教材陆续投入使用，学校的综合教学面临着挑战，在学习的过程中，学校开始了新课标、新教材和主题教学对接的实践研究，并在专家的指导下，结合新课标对 IEP 和教学设计进行了新的调整，结合新教材进行班本化使用。学校提出了国家课程校本化实施、地方课程、校本课程特色化实施的课程建设思路，并整合学校课程资源，构建一体化“爱慧”教育多元课程体系。

二、课程框架构建

基于北京市教委对于“国家课程、地方课程、校本课程”体系构建和实施的要求，学校结合自身的实际情况，全面认真分析地域特点，学生实际，提出了“国家课程校本化实施，地方课程资源化实施，校本课程特色化实施”课程建设思路。

国家课程校本化：对新的课程标准中规定的“7+5”课程，学校进行了认真研究，生活语文、生活数学、生活适应作为主要的国家课程对接学校综合课程，在主题教学中实施。将劳动技能、信息技术、休闲娱乐根据班级不同情况有机整合到班级主题教学中，实施班本化主题教学。

地方性课程资源化：将拓展性、支持性课程和实践基地课程有机整合形成地方性课程，主要立足于学生在主题教学中的实践活动，在实践活动中落实个别化教育计划。学校开发的实践基地课程有：

<table>
<tr><th colspan="28">社会实践基地课程</th></tr>
<tr><th colspan="6">生活适应实践领域</th><th colspan="9">工艺技术实践领域</th><th colspan="9">地方特色实践领域</th><th colspan="4">爱国主题实践领域</th></tr>
<tr><th colspan="4">社区生活</th><th colspan="2">社区安全</th><th colspan="5">艺术休闲</th><th colspan="4">职前技能</th><th colspan="5">风土人情</th><th colspan="4">物产特色</th><th colspan="2">环境保护</th><th colspan="2">爱国教育基地</th></tr>
<tr><td>认识社区</td><td>利用社区</td><td>参与社区</td><td>社区关爱</td><td>社区环境</td><td>安全自救</td><td>电影院</td><td>陶艺村</td><td>葫芦基地</td><td>图书馆</td><td>健身场</td><td>中西餐</td><td>扎染艺术</td><td>超市经营</td><td>家政服务</td><td>民俗园</td><td>交通设施</td><td>文化设施</td><td>自然景观</td><td>传统节日</td><td>北郎中</td><td>燕京啤酒</td><td>牛栏山二锅头</td><td>鹏程食品</td><td>废品回收</td><td>垃圾分类</td><td>地道战</td><td>航空博物馆</td></tr>
</table>

校本课程特色化：学校通过多元的特色课程满足不同孩子的发展需求，尊重每个学生的个性，挖掘其潜力开发，做到缺陷补偿，为每个孩子的发展和实现梦想搭建舞台，包括德育体验、社团特色、家校协同。

三、课程实践探索

（一）课程设计

学校结合新课标及学校发展理念，构建课程结构为以“尊重生命”为起点，“美好生活”为归宿，构建以“生命与生活”为核心的“爱慧”课程体系。遵循“爱慧”教育理念，尊重生命的多样性和独特性；以回归生活为基点，坚持教育无痕；建“爱慧”乐园，育“爱慧”学生，塑“爱慧”教师。

（二）课程特点

“爱慧”教育课程体系的特点可以概括为“基础性、连贯性、递进性、融合性”四个特点。

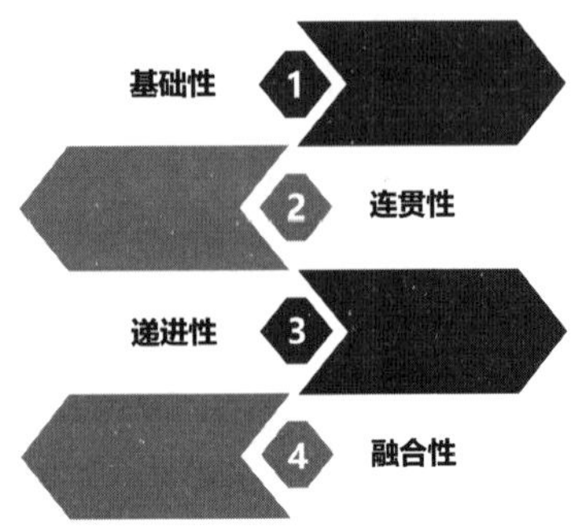

1. 基础性

“爱慧”教育体系中各学段课程设置充分体现了基础教育的特点，学前是义教的基础，义教是职业的基础。同时也符合智力障碍学生的身心发展规律，为学生适应社会奠定基础知识和基本能力。

2. 连贯性

各学段课程目标及框架内容相互连接贯通，一体化设计各学科课程，加强各学段间学科知识与能力的贯通，关注幼小的康复衔接和职业能力的衔接，不断促进学生全面发展能力的提升。

3. 递进性

每个学段的课程内容体现每个学段的学习特点和能力要求，注重不同学段教学内容和教学方法的差异，有效提升教学质量和学生能力。

4. 融合性

课程将各学段课程相互融通，将课内课程和德育课程以及拓展课程相互融合，将课内学习和实践活动相结合，全面促进学生核心素养和综合素质的提升。

（三）课程结构

1. 学前教育课程

（1）领域课程即涵盖了五大领域的学习内容，通过筛选、调整、改进，依托生活活动、综合活动、大运动、集体活动实施教育教学。课程实施以学前教育阶段的特殊儿童的 IEP 为依据，与其生活实际相结合，以主题教学为统整开展教学活动。与此同时，所有设置的教学活动都融入知动训练的活动内容，改善其感知觉能力，调整学习适应状态，帮助学前教育阶段的特殊儿童初步具备基础的学习适应能力、行为习惯后再进入义务教育阶段的正式课程，由此实现从学前教育向义务教育的顺利转衔。在课程实施过程中，以学校、家庭和社会生活为载体，将生活课程化，通过亲身体验生活的活动初步获得直接经验感知，为今后解决实际生活问题、实现知识从生活中来到生活中去、提高其生活自理和社会适应能力做好生活和专业铺垫。

（2）康复课程。7 周岁之前是特殊儿童康复的黄金期，越早接受干预，康复的效果和改变才会慢慢发生。因此，在学前阶段课程设置上采取集体教学与个别训练相结合的形式。以 IEP 为依据，设置感统训练课和多感官训练课，在专业教室进行以班为单位的集体康复训练。个别训练课程由任课教师根据学生的康复需求，开展动作训练、认知沟通、精细动作等个训课。引入专业机构的高水平专业康复师开设补充性课程，对重度孤独症、脑瘫、智障学生进行知动训练、感统训练、情绪调整、行为训练等，实现了分层训练、针对性康复，提高了教育康复效果。

2. 义务教育课程

依据 2007 年教育部颁布的《培智学校义务教育课程设置实验方案》，义务教育课程由一般性课程和选择性课程两大部分组成。一般性课程着眼于学生适应生活、适应社会的基本需求，包括生活语文、生活数学、生活适应、劳动技能、唱游与律动、绘画与手工、运动与保健七门课程，约占总课程比例的 70%—80%；选择性课程着眼于学生个别化发展需要，注重学生潜能开发、缺陷补偿，包括信息技术、康复训练、第二语言、艺术休闲、校本课程 5 门课程，约占总课程比例的 20%—30%。

3. 职业教育课程

职业教育课程学制为 3 年，为适应智力残疾学生的特点，突出课程内容的功能性和教育手段的支持性，课程分为四大类，分别为通识课、专业课、休闲课、实践课。

（1）通识课。侧重职业品质的渗透培养，以工作常规、工作习惯、工作人格、人际沟通四方面为重点制定目标，了解职业工作规范的要求，初步形成良好职业素养，为专业课中的学习奠定基础。

（2）专业课。是样本工作专业学习的课程，采取“以工作为核心的单元活动设计”模式，统整各领域能力，包括基础知识、专业技能、生活能力三大方面。

（3）休闲课。侧重休闲生活能力的培养，能够适当使用室内、户外休闲资源；积极参与社区活动或休闲活动；培养个人兴趣爱好，能根据时间、喜好，合理安排或调整休闲娱乐活动。

（4）实践课。包括社会实践和实践体验。社会实践指到社区或社会上参观、学习、体验；实践体验是针对就业项目内容到实习基地体验学习，或结合本校现有岗位进行实习学习。

（四）构建“美好生活”主题体系

实践中，学校确立了学校“美好生活”大主题，并以此为基础，梳理出10个主题系列，并分解出低、中、高不同年段主题。

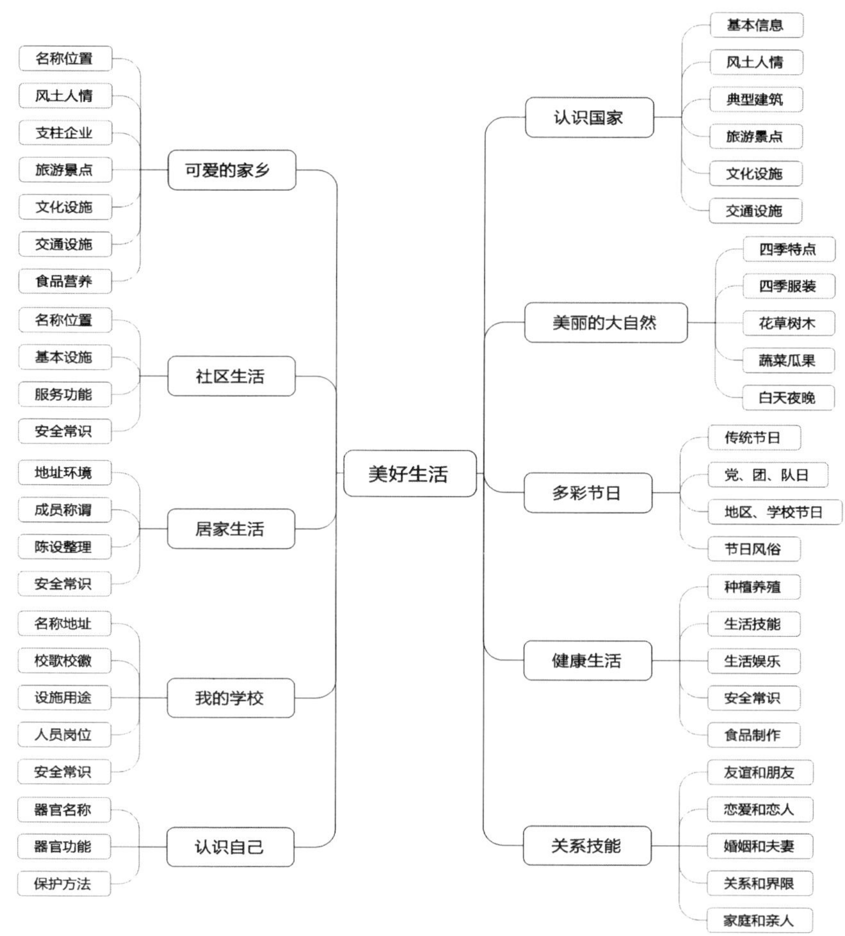

实际操作中，各班在对学生进行评估的前提下，确定班级学期主题、月主题，所有的主题对接学生的日常生活，以学习日常生活知识、生活技能为主，进行主题引领下的综合课程教学，音体美学科课和校本课程。月主题、

周主题落实在综合课、学科课教学中，于学期初形成班级主题结构图。

（五）课程的实施

经过实践探索，形成了“爱慧”课程、课堂建设有效措施。

1. 基于课程标准的培训与研讨

学校在课程与教学中要落实课程标准，就要明确课程标准的作用，第一，课程标准是培智学校学生的学习标准。第二，课程标准是培智学校教学工作的重要依据。第三，课程标准是培智学校质量提升的基本保障。可见，课程标准对学校课程建设的重要性与指导性。全体教师必须把握课程标准的要求，每位学科教师必须认真研读本学科的课程标准，充分理解该课程的课程性质、课程基本理念、课程目标、课程内容、课程实施建议。

（1）加强课程标准解读的培训。

组织学校学科骨干教师参加专家对课程标准解读的培训，将培训内容与精神在全体教工学习时进行传达与分享。以教研组为单位，组织教师学习、交流与研讨课程标准，并且组织学校青年教师撰写关于“结合自己的教学实践，如何理解课程标准”的论文，从而提高教师对课程标准的理解与运用。

（2）基于课程标准的教学研讨。

每次教研活动，教师们对照本学科的课程标准，结合自己的教学对象，进行主题研讨：如何基于课程标准，对学生进行学业评价；如何结合课程标准与学生实际学习能力选择适合的教学内容；如何基于课程标准制定合适的教学目标，采取有效的教学策略实施教学；如何基于课程标准对学生进行学习评价、对教师进行教学评价等。

（3）开展课程标准的目标分解。

不同学科教师进行教学研讨，针对国家课程标准进行分解，要求以本校学生实际情况为基础，以主题教学为途径，将课程目标和内容进行细化分解，确定本校实施的内容及目标，便于教师结合教学有效落实国家课程标准。

2. 形成“四、五、六”教学模式

在落实新课标的过程中，学校依据课标，结合学校主题教学实际提出了“四、五、六”教学模式，即主题教学“四化”：情境化、游戏化、结构化、生活化；教学要求“五个一”：一个情境、一个游戏、一个童谣，至少一次结构化、一次动静结合；温暖课堂“六有”：有欢快的笑声、有个性的关注、有专业的方法、有丰富的语言、有多样的设计、有美好的期许。归纳出了“集体教学—分组教学—个别化区域学习—回归集体教学”的教学流程；活动设计和知识点教学体现“整体—分化—统整”的教学结构。

3. 对接新课标实施有效教学策略

新课标实施过程中，坚持个别化教育计划引领下的主题教学，结合班级实际创造性地开展主题教学活动，让课堂呈现不同的生命色彩。

（1）个别化教育计划让教学更有效。

在西城联盟校的专业支持下，学校通过多次研讨、调整，逐步形成了学校的 IEP 制定和实施模式。依据“四好评量表”进行课程评量，依据教育诊断评量，确定长期目标、短期目标，和班级教学主题整合，落实到具体学科和活动、家庭中。

（2）自制学习书让教学更形象。

学校提倡校本化、班本化落实新课标、新教材，通过制作满足个性化需求的小学习书将教材内容班本化，并根据教学主题创造性使用。小学习书是学生自己的用书，是学生身边摸得着看得见的学习载体，既完成了主题教学下的教材内容，又为学生学习积累了丰富的学习资源。

（3）自创游戏让教学更精彩。

游戏让学校的课堂充满乐趣和色彩，教学中教师根据不同教学内容设计多样的游戏活动，既丰富了课堂教学，又将知识和训练巧妙融为一体。

（4）自编童谣让教学更生动。

自编童谣是学校课堂中常见的辅助策略，老师们根据教学内容自编的童谣朗朗上口，动作简单易学，辅助学生认知、训练、操作，紧密联系学生的生活，让课堂变得生动而温暖。

（六）课程的管理

根据课标要求和学生的实际情况，学校采取多种形式加强课程管理，确保规范运行，提升质量。

1. 多元评价，整体提升

（1）日常评价，关注过程。

使用校本化的课堂教学评价表对教师的课堂教学进行评价，关注师生在课堂中的生长点，每学期有重点侧重，注重过程指导，点对点跟踪。

（2）专业评估，专业引领。

学前和学龄个别化评估主要是应用专业量表进行评估，评估结果作为教师教育康复的考核依据，也为制定学期 IEP 提供依据。学前评估主要采用的量表是儿童发展地图，辅之动作训练和孤独症量表评估。

（3）本位评估，对接学情。

采用北京市特教中心的课程本位评估表对学生进行评估，评估后确定哪些目标符合本班学生情况，哪些过高，需要调整，如何调整，在调整中积累教材使用个案。

（4）成果展示，激发活力。

每学期的“爱慧课堂主题教学成果展示”“兰馨杯课堂教学评优”“红梅杯——爱慧教师讲教学故事”“爱慧课教学成果汇报”“爱慧教育成长手册”等，都是对课程进行管理和评价的有效形式。

2. 多元评价，满足需求

在评价中，学校强调多种评价方式有机整合，给予学生多种展示学习进步的机会，做到过程性评价和阶段性评价相结合，显性评价和隐形评价相结合，学校评价和家庭评价相结合，集中评价和分散评价相结合，定时评价和延时评价相结合，动手操作和书面评价相结合，活动展演和课堂教学相结合。

四、课程实施效果

“爱慧课程”引领“爱慧课堂”，“爱慧课堂”关注师生生命的质量和色彩。

（一）“爱慧”教师提升专业技能

“爱慧教师成长工程”展示专业技能。活力新人、成熟积累、榜样示范、名优引领四个团队，按需开展专业培训。奉献讲堂请一线教师登台亮相；戏剧游戏工作坊，进行校本化专业教学实践；参加联盟校体验式跟岗，学习先进经验和技能；请特教专家定期走进课堂，跟踪指导，持续跟进；走进高校专业浸润。

（二）“爱慧”教师展示教学成果

“红梅杯——听爱慧教师讲教学故事”展示教学智慧。引导教师在经营爱慧课堂中讲述有温度的教学故事，展示精彩的课堂教学成果。

“兰馨杯课堂教学评优”是教师特教基本功的集中检验，内容包括 IEP、教学设计、课堂教学，设单项奖和综合奖。七届比赛，届届有精彩，届届有提升。

“爱慧教师大讲堂”是促进教师的专业化发展搭建的展示平台，让骨干教师引领，让成熟教师推动，让青年教师带动，进一步提升特教教师的专业素养。

（三）“爱慧”课程绽放亮丽风采

多彩课程，多元呈现。每学期学校都将学生的个别化教育计划，过程性作业、作品、实践活动照片、获得荣誉，期末的教师评价整理成册在期末家长会上呈现给家长，请家长欣赏阅读后填写反馈意见，老师精心整理后，为新学期制定 IEP 和教学主题做好准备。

“多彩课程　绽放童心——爱慧课程展示”，聚焦主题教学，聚焦个性张扬，聚焦生命成长，展现童真的笑脸，展露稚嫩的才艺，绽放美好的希望。

践行“爱慧”课程，培育“爱慧”课堂，在活动中绽放生命的精彩，逐渐形成了顺义特教学校特色课程体系。一个充满了爱和智慧的美丽校园正在不断孕育生命的精彩。学校连年被评为北京市五优联评先进学校，区教育系统先进集体、先进党支部等；“十四五”以来，教师在国家、市区教学比赛中取得多项优异成绩，多名学生社团在市区各项比赛和展示活动中获奖，绽放着爱慧教育的风采。

特殊教育学校孤独症学生教学策略及课堂教学有效性研究

李明伟

一、研究背景

（一）特殊教育高质量发展相关政策对学校教师专业素养提升的需求

党的二十大报告中指出要“坚持以人民为中心发展教育，加快建设高质量教育体系，发展素质教育，促进教育公平”。特殊教育作为整个教育系统中不可或缺的一部分，其深入发展是建设高质量教育体系的题中应有之义。报告中进一步明确指出，要强化特殊教育普惠发展，这明确了未来一个阶段我国特殊教育工作的重点任务，即在扩大特殊教育规模，注重数量、范围，强化“普”的同时，提升特殊教育质量，注重质量、程度，强化“惠”。为贯彻落实党的二十大精神，教育部于 2022 年 11 月印发《特殊教育办学质量评价指南》，这是推进特殊教育高质量发展的“指挥棒”。其中，指南中明确提出了特殊教育办学质量评价指标，在“课程教学实施”这一重点内容方面，提出“优化教学方式”这一关键指标，以针对特殊学生的特点制订个别化教育教学方案，在精准分析学情的基础上因材施教，注重全面发展、潜能开发、缺陷补偿，提升课堂教学的针对性和有效性为“考查要点”之一。由此可见，特殊教育教师在推进政策落实过程中发挥着不可替代的作用。

（二）提升学校孤独症学生课堂参与质量的需求

特殊教育学校是孤独症儿童教育康复的主阵地。特殊教育学校是为各类有特殊教育需求的学生提供教育的场所，这意味着孤独症学生需要与其他障碍学生在班级集体教学中共同参与课堂学习。然而，孤独症学生自身存在的社交沟通、社交互动缺陷和受限的、重复的行为模式、兴趣或活动这两大核心特征，为其课堂参与带来了很大的挑战。研究发现，相比其他特殊学生，孤独症学生更容易出现不理会教师要求、违反课堂常规等课堂参与问题。因此，在异质性极大的集体课堂中，如何确保孤独症学生的课堂参与质量，以尽可能实现其缺陷补偿、潜能开发，是亟须解决的问题。

就学校孤独症学生而言，通过对 2020—2022 年招生类型情况进行统计可以发现，学校学生残障类型在变化。数据分析表明，孤独症学生占比由 2020 年的 39% 上升到 2022 年的 58%，呈现上升趋势，且均为中、重度孤独症学生。其次，进一步分析发现，学校学生残障程度在变化。学校共有 106 名孤独症学生，其中中重度孤独症学生共有 77 名［19 名学生为无语言儿童；25 名学生存在严重的情绪行为问题（甚至需要服药稳定）；33 名学生需家长在校陪读］，占比达到 72.6%。由此可见，孤独症学生的障碍程度逐渐加重。

（三）学校教师所面临的课堂教学挑战和已有循证实践教学策略应用于本校集体教学适配性探索需求

学校孤独症学生在班级中的占比逐渐增加，由几年前的 22% 到现在的 62.5%。如此大的比重，给教师的课堂教学带来了诸多困扰和挑战。通过对本校教师开展孤独症学生课堂教学困境的问卷调查（见图 1）发现，89.2% 的教师认为课堂教学面临的最大问题是孤独症学生沟通能力差，无法与其沟通；76.1% 的教师提出课堂教学中，孤独症学生情绪不稳定，难控制；57.5% 的教师指出孤独症学生注意力分散；48.5% 的教师表示孤独症学生的问题行为较多。此外，教师反映的课堂教学中的问题还包括语言能力差（38.3%），对环境过分敏感（35.5%），对事物刺激反应迟钝（28.5%）和智力水平低、理解困难（25.6）。由此可知，孤独症学生的沟通、情绪、注意力、问题行为是教师在教学过程中面临的主要挑战。为更好地应对挑战，尽可能减少或解决孤独症学生在课堂教学过程中出现的问题，需要教师对课堂教学过程进行有效的组织，其中便涉及教学策略的选择与运用。

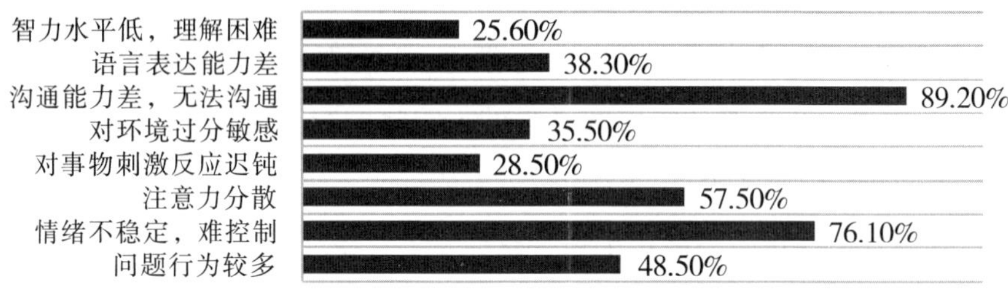

图 1　孤独症学生课堂教学困境调查统计图

目前，国内虽然已有研究者采用具有循证依据支持的孤独症教学策略，但现有研究多采用某一种具有循证依据支持的教学策略，通过个案研究的形式改善特殊学生的社交或沟通等方面的问题，且同时关注到普通学校融合班级中的孤独症学生，但在特殊教育学校的集体课堂中，对中、重度孤独症学生进行策略运用，探究其课堂教学有效性的研究相对匮乏。依据特殊教育学校孤独症学生课堂参与状况探究的有效课堂教学策略，制定适切的有效课堂教学评价标准，具有重要的理论和实践意义。

基于此，本研究采用行动研究范式，参照国际最新的具有循证依据支持的教学策略，结合国内现有的特殊教育学校孤独症学生集体课堂教学策略的相关实践，基于学校学生实际情况及教师在教学过程中面临的实际教学需求，探究适用于学校孤独症学生班级集体教学的有效策略，并明确有效课堂教学的评价标准，以期为提升孤独症学生的课堂参与质量、提高教师课堂教学有效性、提升教师专业素养提供借鉴和参考。

二、研究设计

（一）研究方法

本研究采用行动研究范式，辅以个案研究和观察法，以顺义区特殊教育学校为个案，以该校承担课堂教学任务的教师为研究对象，开展了为期 3 年的教育研究。研究中，坚持理论研究与教学实践相结合、个人研究与集体研讨相结合的教育行动原则，以“计划—行动—反思和改进—再行动”为行动思路，结合学校教师集体课堂教学的具体行为表现和教育需求进行研讨，以制订行动计划并予以实施。基于课堂观察等方式进行反思并进一步反馈到行动计划中，以优化下一轮行动，从而逐步探索孤独症学生的教学策略，提高课堂教学有效性。

（二）研究目标及内容

本研究旨在基于循证实践，通过多轮行动研究，梳理其中适用于特殊教育学校孤独症学生集体教学的有效教学策略，并进行逐步推广、应用；在此基础上，归纳出有效的课堂教学的评价标准，以改善孤独症学生的课堂参与情况，提升教师的课堂教学有效性。

三、研究方案实施

（一）第一轮研究：2021 年 4 月—2021 年 6 月

第一轮研究主要对该校各班级中的孤独症学生占比、程度等基本情况进行综合评估，并通过问卷、访谈、观察等多样化的方式，明确孤独症学生在课堂教学中的现状以及教师目前采取的教学策略。

（二）第二轮研究：2021 年 7 月—2023 年 6 月

针对上一轮行动发现的教师在教学策略运用的数量、应用环节不足等方面的问题，该阶段拟针对学校孤独症学生课堂实际表现，通过多种方式和途径，探究更具适切性的教学策略，并在此基础上对教学策略进行归纳整理。

课题组成员在探究适用于学校孤独症学生教学策略的基础上，围绕课堂教学的有效性，从组织教学、教学环境创设、教学信息传输、教学互动交往 4 个维度，对已有的 12 种教学策略进行梳理归类。

（三）第三轮研究：2023 年 7 月—2024 年 6 月

为验证上一轮行动中所探究出的教学策略的有效性，并明确有效课堂教学评价标准，并对研究成果进一步推广、应用，该阶段对孤独症学生教学策略应用前后的学习进步程度进行对比探究，并归纳整理教师有效课堂教学的评价标准，从而验证教学策略的有效性，提高教师课堂教学有效性。

四、研究结果与讨论

（一）在课堂教学各环节，灵活选择适切的孤独症教学策略，提高学生课堂参与质量

本研究采取“计划—行动—反思”的行动逻辑，开展了为期 3 年的行动研究，在专家指导下，本校教师组成实践共同体聚焦问题，制订行动计划，在实际课堂中开展教学实践，通过问卷调查、观察、研讨等形式反思行动效果并调整行动计划，进而明确适切于包括本校孤独症学生在内的班级集体课堂教学策略，提高包括孤独症学生在内的全体学生的课堂参与质量。

首先，通过行动研究发现，基于孤独症学生自身的特点，结合学生的身心发展规律以及认知发展特点，综合考虑学生的个体特异性，知动辅助教学策略、游戏辅助教学策略、绘本辅助教学策略、戏剧治疗辅助教学策略、媒材辅助教学策略、结构化教学策略、同伴支持合作策略、直观演示策略、视觉提示策略、多重范例策略、强化物辅助教学策略、个别化指导策略这 12 种教学策略是适用于学校学生的教学策略。在运用该策略的课堂上，学生的兴趣、积极性以及课堂参与度更高。

其次，在课堂教学的不同环节，教师根据教学内容推进以及教学情境等的需要，围绕“组织教学、教学环境创设、教学信息传输、师生互动”等要素，有针对性地、灵活地选择并及时调整教学策略，以满足学生对所学教学内容以及所处教学环节的适应性及学习需求，从而提高策略的针对性和有效性。具体而言，组织教学策略包括知动辅助教学策略、游戏辅助教学策略。教学环境创设策略包括绘本辅助教学策略、戏剧治疗辅助教学策略、游戏辅助教学策略、媒材辅助教学策略、结构化教学策略、同伴支持合作策略。教学信息传输策略包括直观教学策略、可视化支持策略、多重范例教学策略。师生互动策略包括强化策略、绘本辅助教学策略、戏剧治疗辅助教学策略、

游戏辅助教学策略、个别化指导策略。

最后，要注重多种教学策略的综合运用。孤独症学生个体之间存在较大的差异性，这要求教师在教学策略的运用上，要注重多种策略的有机组合，以最大程度地满足学生的个体需求，帮助其实现高质量的课堂参与。

（二）明确有效课堂教学评价标准，提升课堂教学效果

课堂教学是特殊教育学校开展教育教学的主阵地，对于教学质量的提升发挥着不可替代的作用，因此，要重视课堂教学有效性，并积极开展课堂教学有效性评价。基于此，本研究在探究本校孤独症学生班级集体学习现状以及教师课堂教学现状的基础上，对特殊教育学校有效课堂教学的评价标准进行归纳整理，明确了以“教学活动设计、教学过程、教师行为、教学效果”这四大要素为核心的有效课堂教学的评价标准，帮助教师提高课堂教学效果，同时，促进其自身专业素养提升。

五、研究反思与展望

该课题研究取得了丰富的研究成果，明晰了适用于特殊教育学校集体教学中孤独症学生的有效教学策略和有效课堂教学的标准。但同时，该课题研究还存在以下三点不足：首先，围绕课堂教学有效性对已研究的教学策略进行了梳理归类，但教师在使用这些策略的灵活度、创新度方面体现得不够充分。其次，明确了特殊教育学校有效课堂教学的标准，但是实际课堂教学过程受到多重因素的影响，因此，有效课堂教学标准的实际落地实施还需要不断进行教学实践。最后，教师随着课题研究的深入，专业知识得到了丰富和更新，但是专业知识和能力的提升需要实践经验的积累。

在今后的研究过程中，我们会继续加大对课堂教学策略的研究与实践力度，通过将研究成果不断在教学实践中巩固、应用，并进行不断改进创新，探索基于循证依据的综合性教学策略，以提高孤独症学生的课堂参与质量。

参考文献：

[1] 习近平. 高举中国特色社会主义伟大旗帜 为全面建设社会主义现代化国家而团结奋斗——在中国共产党第二十次全国代表大会上的报告[EB/OL]. https://www.gov.cn/xinwen/2022-10/25/content_5721685.htm，2022-10-25.

[2] 顾定倩. 对“强化特殊教育普惠发展”中若干关系的思考[J]. 现代特殊教育，2023（01）：4-6.

[3] 王雁. 强化特殊教育教师落实“指南”的职责与担当[J]. 现代特殊教育，2023（11）：8-9.

[4] 教育部关于印发《特殊教育办学质量评价指南》的通知[J]. 中华人民共和国教育部公报，2023（Z1）：9-16.

[5] American Psychiatric Association. Diagnostic and statistical manual of mental disorders: DSM-5[M]. London: American Psychiatric Association，2013: 50-51.

[6] 沈晨波.《策略选择层级模型使用手册》的编制及应用[D]. 浙江师范大学，2020.

[7] 姜依彤. 同伴介入下融入兴趣物的孤独症儿童社交能力干预研究[D]. 北京师范大学，2019.

课题引领　赋能学校科学发展

王　颖

顺义区特殊教育学校在“爱慧教育”办学理念的引领下，坚持课题研究与学校教育教学、康复紧密对接，立足研究指导教学实践，实现课堂教学与课题研究共生，在研究中不断提升教师的行动研究能力。

一、明确科研思路，确定研究方向

学校现有市教育学会立项课题 7 项，区教育科学规划办立项课题 2 项，研究领域涵盖孤独症教学策略、知觉能力提升、德育实践活用、职业课程建设、信息化教学、情绪行为干预、融合课堂支持策略等多个方面。为了提高课题研究的有效性、针对性，切实发挥研究价值，提升教师的研究能力和教育教学水平，学校从课题的申报到研究明确了四个导向。

（一）明确课题研究导向

紧密结合学校“十四五”发展规划，落实区教委提质增效要求和部署，以课题研究为抓手，落实研究过程，聚焦研究成果推广，形成人人参与课题研究，让研究成为工作常态的工作模式，让科研助力学校特色发展。

（二）落实以问题为导向

以学校各部门存在的教育教学难点以及发展中的焦点为课题研究突破口，加强研究的针对性和有效性。

（三）聚焦教育教学导向

结合学前、学龄、职业教育教学课程建设及课堂教学中心任务，把课题研究落实在教研教学之中，探究教育教学规律和教学策略，提升教育教学质量。

（四）发挥研究的价值导向

通过课题研究的理性追问和实践思考，用研究的方法和策略解决实际问题，提升教师的研究水平和专业素养，积蓄研究后劲，让研究的价值最大化。

二、树立科研观念，转变研究意识

树立“大科研”观念是课题研究的重要前提，教师要有正确的科研观念，才能提升研究能力和取得研究成果。

（一）树立问题意识

党的二十大报告中指出：“必须坚持问题导向。问题是时代的声音，回答并指导解决问题是理论的根本任务。”“问题”是学校教育研究的起点和归宿，是提高研究创新能力以及科研水平的关键，是作出创新性成果的重要前提。学校十分重视提升教师的研究意识，培养教师有发现问题的慧眼、有研究问题的办法、有拓展科研的实效。

（二）确定实践立场

教育科研与实践紧密结合才能推动教育科学研究的深入，因为科研成效来自实践，又通过实践去验证研究假设或研究结果。学校开展各种形式的科研活动，破除科研教学“两张皮”的现象，鼓励教师通过科研推动特殊教育教学的改革，引导教师用科研的思想和方法去探究、解决、提升，使教育科研成为学校发展的强大动力。

（三）形成协同合作

教育科研的重心下移必将组建学校的科研力量，促进部门间的协同合作。学校依据市区课题内容，形成了领导牵头、部门带领、人人参与的研究模式，构建出研究团队人员交叉、课题团队展示、交流的机制，促使教师专业全面发展。

三、制定课题目标，落实研究重点

科研工作是学校教育教学的重要组成部分，是教师专业发展的核心，所以科研课题目标的制定既要结合学校发展又要落实课题研究重点，多元助推教师专业发展。

课题“探究孤独症教学策略，提高课堂教学有效性”研究出适合孤独症学生的课堂教学策略，便于教师在教育教学活动中进行应用，提高课堂教学质量，促进孤独症学生的康复与发展。

课题“初步构建智力障碍学生职业课程体系的研究”构建适合智障青少年学生发展的职业课程体系；促进教师专业发展水平，提升教师研究力；为职业学生就业衔接做好全程、全方位准备。

课题“核心素养时代背景下特殊学生德育实践研究”根据特殊学生培养目标、生存发展需求并结合普通学校学生素养发展模型，分析特殊学生的核心素养；探索出促进特殊学生核心素养目标有效落实的德育实践活动；促进学校特色发展。

课题“利用数字工具提升教师信息化教学能力的研究”，教师根据自己的教学需求，学习适合的数字工具，并能通过一种工具或多种工具的组合使用来实施信息技术支持下的教学，从而提升特教学科教师信息化教学能力。

课题“培智学校中重度障碍学生知觉能力提升的实践研究”探究提升低年级中重度障碍学生知觉能力的策略方法，梳理出应遵循的基本原则，为有效改善中重度障碍学生的知觉能力提供专业支持。

课题“普校情绪行为学生干预和矫正的实验研究”让专业的策略和方法进入普校课堂，真正用到教学第一线，使特殊教育专业策略在提高普校教育质量上发挥作用。

课题“融合教育课堂教学支持策略的研究”探究并总结出适合顺义区融

合教育课堂教学的支持策略，为学生有效学习提供支持，提高课堂教学的实效性；依托区、校两级融合教育教研、培训活动，提高融合教育教师的专业水平和课堂教学能力，带动区域融合教育教学质量提升。

四、重视科研推进，夯实研究过程

基于特殊教育教师队伍建设的高标准建设要求，学校全面启动课题研究，做到每个部门都有研究课题，人人参与课题研究，人人都有研究任务，人人运用研究成果。为了增强教师的研究意识，调动其参与研究的热情，学校确定了“科研带动教研，教研助力科研”的研究工作思路，全方位、多角度搭建培训、研究、教研的平台，在学习中研究，在研究中进行教学探究，用研究的思路和方法梳理解决教学难题，不断提升专业素养。

（一）立足课堂，夯实研究点

学校的课题都来源于教育教学一线，是学校和教师在教育教学中迫切需要解决的问题，为此，学校抓住课堂教学这个主阵地，将研究的落脚点植根于课堂，努力让研究有效指导教学，发挥研究的价值和成效。本学期在开展区基本功展评和校级“兰馨杯”课堂教学比赛中，学校提出要将课题研究与教学实践紧密相连，将研究成果转化为课堂上实实在在的教学行为。学前教学紧扣知动训练，有效改善学生的感知觉、本体觉、触知觉能力；学龄部探究孤独症学生有效教学策略，在结构化教学中帮助学生建立规则意识，改善学生注意力；职业部侧重职业品质、职业技能和独立生活能力的培养，采用支持性策略提升学生的参与度。

（二）精准教研，同研共进

校本教研是学校推进课题研究的有效载体，教研组就是大的课题研究共同体，学校行政领导深入每个教研组，全程带领教师通过课题研究引领教研活动，实现同研共进。

一是确定课题研究和教研活动的结合点。教研组长会结合学校工作计划、本组课题实施重点进行综合分析，确定课题与教研的结合点，要达成的目标和实施措施，高效开展每一次教研活动。

二是共性教研和个性教研同研并进。研究中学校逐渐形成了共性教研和个性教研两种教研形式。共性教研指理论学习、课标实施反馈、集体备课、听评课等，集中解决共性问题。个性教研是指结合课题研究迫切需要解决的问题进行有针对性的教研。主要体现在：学前：教育＋康复的有效性；学龄：探究有效教学策略提升孤独症学生课堂教学实效；职业：构建职业课程体系，建设特色课程，研究职业技能培训操作手册。

精准教研为课题实施提供了有效保障，创新了课题研究和教研模式，赋予了老师参与研究和实践的主动性，形成了有效的学习研讨工作方式，逐步实现了教学和研究效果最大化。

（三）沉浸培训，专项引领

为提升教师的专业水平，学校聘请不同专家采用不同方式为教师赋能。

首先，选派课题负责人、教研组长参加了北京市特殊教育教研员培训，从德育、康复、融合等方面进行专项学习提升，用专业思路、技能，方法带动课题进入管理、进入课程、进入课堂。

其次，聘请中央教科所杨希杰博士、北京市特教中心的陈英华博士走进教研组进行实地指导以课题研究为主题的教研活动；邀请北京联合大学的刘晓明教授、台湾特教专家鲍亦君教授走进课堂、教研组，具体指导课堂优化、课程建设并进行专题培训；与专业康复训练机构和北师大合作，对重度孤独症和情绪行为学生进行评估干预，负责教师跟岗实践学习，在掌握康复技能后逐渐成为实操的主体，并要进行专业考核；每周三参加“融合教育项目”培训，聚焦教师急需的孤独症教学策略、情绪行为问题干预、结构化教学、个案研讨等专业理论和方法学习，整体提升专业素养和实操能力，逐步从量的积累到质的飞跃，促进研究深度推进。

（四）特色团队，引领提升

针对课题领域和教师专业发展需求，学校成立了以康复训练为主的专业学习研究共同体，围绕前沿和专业的方法开展兴趣盎然的学习研究，不仅丰富了专业知识，而且满足了学生的康复需要，学校特色课程和特色教师队伍逐步形成。

一是结构化教学团队。进行结构化的教室布置，包括课程表、作息时间表、区域设置；早间活动，包括早间活动 + 个人工作系统；教学内容和教学流程的结构化，利用视觉提示帮助学生有序参与活动。

二是戏剧治疗团队。将戏剧治疗与课程标准整合，探索在戏剧游戏活动中实现知动训练、本体觉训练、触知觉训练。让学生在轻松愉悦的故事、游戏活动中达成教学目标，落实康复训练。

三是康复课程团队。带领教师学习康复课程标准，完成校本化的康复课程标准分解，本学期已呈现 2 次评估实践活动，一次是针对 4 个模块的评估，一次是针对个别化教育计划的评估，展示了康复课的专业性。

四是个别化专业团队。目标是提升科任教师制订个别化教育计划的能力，促进学校 IEP 的整体质量提升。本学期侧重个别化的评估与康复、评估小组合作完成初筛，指导完成结合学期初个别化会议和科任教师撰写评估报告。

四个特色团队均以相关课题为突破口，从不同维度、不同层面进行实践研究，通过“以点带面”的方式，推动课题进入深度实施阶段，形成了全校、学段推进的模式。

五、提升科研实效，促进成果转化

在课题研究实践中，学校秉承科研引领教研，教研促进教学，提升教师研究能力的工作思路，努力营造研究氛围，搭建研究平台，培养科研队伍，发挥科研骨干的示范作用，促进课题研究深入实施，将研究成果应用于一线教育教学。

（一）研究成果及时梳理

为了保证课题研究成果转化，提升研究的有效性，学校在认真总结梳理中期研究成果的基础上，聘请北师大、联合大学、中央教科所专家针对每个课题进行专项点评，主要是指出问题和不足，提出有价值的意见和建议，提升课题研究的整体质量。结合专家的修改意见，所有课题组对中期成果报告进行了再修改、再提升，召开了中期成果汇报会，大家在交流研讨中借鉴学习，促进了研究成果的有效推广和转化。

（二）课题研究成效显著

研究实施中，学校在知动训练、孤独症研究、职业课程建设、信息化使用、德育实践、融合策略、情绪管理等方面实现了有效突破。比如：依据孤独症学生的身心发展特点、课堂教学有效性对教学策略进行了梳理归类，教学质量明显提升，为孤独症学生的实际获得提供了有效保证。德育课题研究通过开展常规活动、主题活动、特色活动，将丰富多彩的德育活动贯穿四季，以此润养爱慧少年，养成良好习惯、收获知识与成长。信息技术课题针对数字学习工具的使用方法以及在课堂教学中的实践应用进行了深入研究，教师们的资源录制水平明显提高。

（三）促进教师专业发展

随着课题研究的深入推进，教师们的专业知识不断增强，开始学习用研究的方法思考教学中的困惑和难题并积累了鲜活的教育教学案例。在兰馨杯课堂教学比赛和区基本功展评中，所有教师均运用了结构化教学策略，满足学生学习和发展需求；所有教师均采用信息化手段，激发了学生的学习兴趣，提高了学生的学习效率；所有任课教师均参与到相关课题中，参与率 100%。有了专业的研究实践，教师们的成果输出就成为高质量的自觉。本学期参加市区论文、案例的获奖达 50 余篇，获得市级作业设计特等奖 1 个、一等奖 1 个、二等奖 1 个、三等奖 2 个、1 人获得市级课堂教学展评一等奖。

随着“十四五”特殊教育普惠发展的推进，科研必将成为学校高质量发展的科学载体，学校将继续加大“爱慧教育”理念下的科研规划和实施，不断加强课题研究力度，培育研究型队伍，在研究中提升办学品质。

特教学校课程“多元评价”的实践与探索

王　颖

“十四五”特殊教育发展提升行动计划中明确指出，要让每一名残疾儿童青少年都有人生出彩的机会。为此，学校构建“爱慧”课程体系，立足学校发展愿景和学生实际，努力探索校本化课程标准的落地措施和教材实施策略。根据残疾学生类型多、程度重的现状，不断改变评价观念，调整评价方法，尊重特殊儿童的个体差异，关注学生个性发展，满足学生特殊需要，逐步形成了具有科学性、激励性、指导性、专业性的“多元课程评价体系”，全面提高课堂教学质量。

一、科学构建评价体系，助力学生多元发展

（一）聚焦课堂教学，注重过程性评价

为了更有效地落实培智学校课程标准，我们依据学校“爱慧”教育课程体系，利用专业评量和课堂教学评价，聚焦教学康复和基本生活技能的形成。

1. 专业量表评估

学校基于学生的差异性，对学生进行科学评估，以达到科学设计课堂教学、优化课堂设计的目的。学前、学龄和职业评估主要应用专业量表进行评估，评估结果作为教师教育康复的考核依据，也为制订学期计划和单元目标提供有力依据。

2. 课堂教学评价

在落实新课标的过程中，学校不以课程目标为课堂评价的唯一依据，而是为了满足不同学段、不同学科教学需求，制定出综合课、学科课、个训课教学评价表，内容框架包括理论依据、背景分析、目标制定、过程设计、资源的使用等方面，评价中侧重教学设计的合理性、教学的差异性以及针对性的指导和支持策略的使用，以满足不同学生的特殊需要，促使学生在不同领域取得进步。

（二）科学实施 IEP，进行阶段性评价

学生的特殊性直接影响评价的方式和结果，学校将 IEP 制订贯穿评价始终，积极发挥其有效应用，增强评价的反馈功能。

1. 科学评估，利于准确评价

课程实施前期，各学段利用儿童发展地图、孤独症评价量表、四好评量表、职业评量量表等专业评量工具，对学生的智能发展、社会适应、生活实践等领域进行分析评估，综合考虑学生的整体状况，包括前期评量、生态环境、个人兴趣、爱好等。综合评量后根据学生的起点行为，制定每个学生的 IEP，统整班级学生的短期目标，进而与教学主题等对接，为学生提供最优成效的评价依据。

2. 全员参与，利于全面评价

个别化教育计划中的长短期目标是清晰可操作、可观察、可测量的内容，均由小组成员共同讨论制定完成。小组成员包括班主任教师、学科教师、家长及社工人员。多角度人员的参与能够合理制定符合学生发展的目标和措施，也能够实时动态调整教学方向，辅助者也是计划的参与者和监督者，便于后期的跟踪和反馈。

（三）创新展示活动，做好发展性评价

学校从学生角度出发，关注其成长历练的过程，注重学生的自我展示、社会交往能力和积极向上的心理品质培养，充分利用各种契机进行多彩课程展示、评价，提升学生综合能力，促进学生个性成长。

1. 举办多彩课程展示

每年年末学校会以“多彩课程　绽放精彩”为主题进行成果汇报，汇报

聚焦班级主题教学，聚焦学生个性张扬，聚焦个人生命成长，展现童真的笑脸，展露稚嫩的才艺，绽放美好的希望。届时邀请家长、区教委领导和社会志愿者参加，学生们将集阳光的微笑、感恩的爱心、坚强的自信、适应的能力于一身，通过汇报的方式向亲人展示成长，向社会成功亮相。

2. 进行多彩课程评价

各学科教师采用适合学生的形式进行学期学习考核评估，为每位学生制作“多彩课程　多元发展”成长手册，图文并茂地展示出学生在主题教学、社团活动中的学习和成长。寒暑假期间此手册将发放至每位家长手中，请家长欣赏阅读后填写反馈意见，老师精心收集家长意见，为新学期制定 IEP 和教学主题做好准备。

3. 彰显学生个性评价

学校始终尊重学生的多样性和独特性，以回归生活为基点，以多彩生命课堂为原点，强调评价指标多元化，为此每学期末会举办“爱慧好少年”评选活动。评选与太阳光的七色光彩对接，用赤、橙、黄、绿、青、蓝、紫七种色彩，代表美德、自律、勤学、环保、书香、健康、才艺，将德、智、体、美、劳等方面要求蕴含其中，此项评选有效落实了发展性评价机制，将评价贯穿于教育教学活动之中，充分挖掘学生潜能，彰显学生个性。

（四）塑造学生品行，开展激励性评价

特殊学生的行为与教育评价紧密联系，学校积极搭建活动平台，建立有效的评价机制，激励学生自我成长。

1. 开展“积分换购”，提升学生自我评价

学期初各班班主任依据学生情况，制定班级发展目标并制定出便于理解、便于实操的任务。每周周末，教师和学生会结合日常记录或观察等方式对学生进行积分奖励。积分奖励内容多样，包括“整理书桌”“相互合作”“勤俭节约”等方面，通过积分贴的视觉提示能够让学生直观认识到自己的进步。学期末学生根据积分总分可以到学校“爱慧超市”换取自己喜欢的物品或者实现自己的愿望。这个评价的过程是引导学生进行自律、自我约束的过程，有目标、有措施、有结果，着力培养学生内化、觉知和展现，逐

步帮助学生建立自信。

2 使用“爱慧币”，强化劳动能力评价

为培养职业学生热爱劳动的意识，能够遵守职业规则，提升专业技能和生活适应能力，学校在职业部开展流通“爱慧币”活动。活动通过日常流通、集中流通两种方式，鼓励学生在校园生活中努力付出劳动从而获取劳动成果，在“赚取”的过程中，培养他们有计划消费、管理“钱币”的能力，培养学生助人为乐、关心集体的意识，以此巩固提升学生的劳动技能。

二、多元评价的成效与反思

（一）多元评价助推教师专业发展

通过多元评价，教师围绕教育教学两条主线，建立以评促教、以评提质的发展机制，聚焦课堂管理，探索教、学、评一体的路径。教师的改革创新意识和教育研究能力不断提升，评价方式不断丰富，做到学习内容课程化、评价系统化。

（二）多元评价促进学生能力提高

在多元评价机制下，通过科学严谨的评估，学生在教育康复方面有了较大提升，能遵守日常教学常规，孤独症学生能参与到教学活动中；在主题教学和学科教学中，逐步提升学生的综合素养；在多样活动中，学生在健康生活和人际沟通等方面体验到了成功，建立了自信。

（三）多元评价提高家校共育实效

多元评价需要家校双方协同发展，共同构建完善的鼓励、评价机制。教师以高度的责任心、专业的康复技能、一流的师德水平赢得家长的支持和理解，引领家长参与班级学校各项评价活动。全面的评价关注到学生的进步和学校的发展，形成了家校共育、凝心聚力、共进共赢的有效评价机制。

顺义特教学校以“多元”评价为杠杆，以课程实施为载体，做好教育改革的起点和终点，不断丰厚教育资源，助推特殊学生全面成长。

聚焦主题活动下的“六真”教学

庞　冰

北京市顺义区特殊教育学校在培智课程标准引领下，采用主题教育教学与教材相结合的形式来构建学生学习体系。每学期我们都要结合课标、教材、学生已有认知水平、家庭教育等多方面对学生最近发展进行准确评估，为每个学生制订详尽的个别化教育计划，并将其与班级教育教学目标进行整合，设计出贴近生活，满足他们发展需求的主题教育教学活动，从而提高培智学生适应社会的能力、提升他们的生命质量。

一、主题中的“六真”，打造高效教学

（一）真主题、真生活、真效果，丰富学生认知

1. 以生为本设计真主题

我班有 9 名智力障碍学生，其中有 5 名孤独症、1 名脑瘫、2 名智力迟缓、1 名唐氏综合征儿童。因家长很少带他们出去社交，以至于他们不懂得与人沟通交流的方法。根据学期初的评量结果，家长及各学科教师共同为学生制订了个别化教育计划，确定了班级主题“邀请同学来做客”。主题教育内容贴近学生的真实生活，侧重沟通方法。如我是小主人，应该如何待客？我是客人，应该如何做客等。通过设计不同层次活动及目标，达到每个人的个别化长短期目标。

2. 结合实际开展真生活

主题活动分成三个阶段，第一阶段是制订计划，引导学生确定和选择做客的时间、路线等，制定每个学生自己的计划书。第二阶段是前期准备，学生在生活的情境中学习去同学家做客和邀请同学来做客的必备知识。①学习做客的须知；②电话邀请；③整理自己的房间；④为客人准备水果和茶饮；等等。每一个教育教学过程都是学生平时生活的真实再现，便于学生理解和记忆，同时其过程中又体现着每个学生的达成目标。第三阶段是巩固练习。由于智障学生的记忆力能力和思维能力有较大障碍，为提高学生练习实效，学生会把阶段学习的内容制成一本本学习书，书中完整呈现“做客”的步骤和注意事项，很好地帮助他们梳理和记住学习的内容。

3. 实地打卡凸显真效果

为提升活动实效，我们首先到张同学家做客。张同学属于孤独症儿童，日常不爱讲话，当看到有这么多同学和老师来家里做客，他非常高兴，急忙打招呼，为家长和老师沏茶，为同学拿好吃的，他的表现就是家里的小主人。再看其他同学，他们互相问好交流，一起玩耍，拿到自己喜欢吃的东西还有礼貌地说“谢谢”。在真实的生活情境中，学生把学到的知识与生活紧密地联系在一起，这也是教学中真实的体现。随后大家跟随张同学参观他家，他介绍自己的卧室、客厅，还带我们参观了花房和他学习、健身、休闲的地方，让其他同学很是羡慕。学生们在参观的过程中有序，不乱动，肖同学还提出自己的问题与张同学交流。最后大家一起动手择菜，制作美味的饭菜，围在一起享用劳动成果，看到学生们开心的样子，相信他们真正体验到了做客和待客的乐趣，初步掌握了沟通的方法和技巧，为他们走进社区、社会提供了有力保障。

（二）真目标、真调整、真成长，锻造学生能力

1. 真目标，确定成长路径

学校举办“多彩课程　绽放童心”课程展示活动，我首先思考的就是班里学生在这次展示中的目标是什么？于是我使用“双溪评量表”“四好课程评估”对每个学生进行了评估，结合学生的“生态环境”和家长的需求为每

个学生制订了属于自己的个别化教育计划，但由于个别化教育计划中每个学生的目标不同，我又把学生的目标与班级的目标进行统整，确定了以“少年中国说”为展示主题的教育教学活动。

2. 认真调整，寻找合适方法

整个主题展示分为 3 个环节，每一个环节对应一个目标。第一个目标是学生依次说一句话。班上孤独症学生注意力不集中，不懂轮流说，于是我想出高招，谁说完话就拉下一个同学的手，给同学以肢体提示。第二个目标是学生在同伴或老师的提醒中，能向前迈一步说出自己的梦想。第三个目标是师生共同展示中国武术操。

排练过程中，我发现了问题：学生的 IEP 如何落实？学生的目标能否再提高？让我不得不对学生的能力和目标进行重新确定和落实。我又一次对主题节目和学生现有能力进行分析，找到学生的起点和最近发展区，把培智新课标中的目标进行分解和续写，确定最适合学生的目标。有针对性地重新调整了学生的 IEP 目标，寻找新的方法让学生的能力得到提升。

在第一个目标中没有体现每一个孩子目标的落实，能力强的学生帮带了能力稍弱学生达到目标，这次我采用实物支持，让学生自己走到话筒前，说完再退回去。第二个目标，落实不到位，调整为放慢速度清楚地说出自己的梦想，没有语言的学生指出自己的梦想。把第三个目标分解成小步，模仿简单武术动作。我采用结构化教学、直观演示等方法让他们进行模仿练习。在不断地提醒下他们能关注我，跟我一起做动作。

3. 真成长，展示精彩瞬间

上台展示时，学生们身穿白色武术服，腰上系着红绸带，有序地走向话筒，在台上骄傲地说着“我是中国人”，声音清晰地告诉观众他们的梦想，赢得了台下一阵阵的掌声。那浑厚有力的武术动作，向学生和老师们展现了中国传统武术的魅力，家长们在台下看着自己孩子的进步，激动得合不上嘴。看到同学们在台上的精彩表演，让我懂得只要我们找到适合学生的主题，把握好学习的目标，那么学生就一定会不断地让我们有惊喜、有赞叹，学生也会变得更加自信、自主，更加热爱生活。

二、主题教学实施，促进双向发展

在课标引领下，学校主题教育教学的有效实施，促进了教师的自我成长，也形成了自己的教育教学特色。同时，丰富了学生的知识内容，使学生的知识更具有完整性，增强了学生学习的能力。在主题教育教学中，他们能更好地联系生活，掌握基本的生活技能，更好地适应社会。

（一）自我成长

我在每个主题开展的过程中，不断地摸索与反思，形成了自己的教育教学模式——四点教学法：真实点、适合点、支持点、进步点。真实点就是在教育教学中尽可能地贴近学生生活。适合点就是教育教学的目标要适合学生。支持点就是得到家长、教研组和同事的支持。进步点就是关注学生的每一点进步。

（二）效果显著

实施主题教育教学取得了较好的效果。

（1）通过主题教育教学活动，学生能够有计划地规划自己的生活，有了自我规划的意识。

（2）主题教育教学内容的丰富和完整，使学生学到的知识更全面，而且更具有连接性，能把学到的知识连贯地运用到生活中。

（3）主题教育教学活动，从生活中来，能够有效地帮助学生掌握生活的技能，再指导学生回归到生活中。

（4）主题教育教学活动提升了学生学习的能力。每个主题的学习过程中，学生都会制作自己的学习书，它是我们课堂中必不可少的工具，也是必备的学习单。学生们在学习的过程中留下的痕迹，将帮助他们回顾和梳理这个主题活动的流程和实施的过程，能让他们更好地学习如何开展下一次实践活动。

（5）主题教育教学得到了家长的有力支持，增进了学生与家长的关系。

（三）经验分享

（1）主题的选择要以学生为本，从学生的角度来选择主题内容。如“分享我的假期生活”“我们一起去湿地”等，这样的主题适合学生并且更贴近学生，他们容易明白，更能让他们找到学习的动力。

（2）主题选择必须关注学生现实的生活。最好选择他们在生活中遇到的实际问题为主题，如“去同学家做客”“去超市购物”等，学生学起来积极性高，能够学以致用。

（3）主题选择最好具有活动性。主题内容的选择和呈现形式要突出活动性，注意将活动的过程、方法、技能融合起来。如“召开故事会”“红色之旅”“我们一起去奥莱”等。这样的主题有利于激发学生的学习兴趣，有利于学生采用体验、探究等多种方式主动参与，自主学习。

（4）主题的选择和制定要体现完整性。就是要注重知识的前后联系和整合，采用单元主题的方式，综合交叉，螺旋上升。

基于培智课标下开展的主题教育教学活动起到了较好的效果，但是也存在不足之处，我们还须不断研讨培智新课标，对课标进行再分解再细化，了解学生特点，制定与学生个性相符合的教育教学目标和适合他们的教育教学主题活动，以便更好地满足学生的个性需求，让他们收获更多，更自然更好地融入社会，提高生命质量。

课堂提质、课后增效，促进学生个性化成长

张晓文

“双减”是站在“立德树人”的教育高度上进行的一场优化教育的革命，它的落地将真正构建家、校、社协同育人的良好教育生态，促进学生全面而有个性地成长。

一、研磨、实践，课堂教学提质增效

（一）研磨教学、推进模式，形成一体化

秋季开学，经过学校对“双减”政策的解读和组织的讲座培训，我逐渐领悟到了“双减”的内涵：减负的根本在于提质，减负的最终目的应是让每个学生都有出彩的人生。

教研活动，围绕“课堂提质”展开深入讨论，确定“双减”后的课堂模式：保持原有的“四化”（结构化、生活化、情境化、游戏化），提炼出“五个一”，即一个童谣、一个绘本故事、一个游戏、一本学习书、一个知动训练，“环境创设与设计”更加明晰了课堂的“枝干”脉络。“双减”课堂变得丰满、灵动，特色鲜明。

（二）深耕课堂、精讲多练，尊重个性化

课堂是落实“双减”的主阵地，它的提质增效，是优化教育最为精准的发力。

1. 预设与生成，全方位备课

“双减”背景下的备课，要求教师从不同角度和视角进行全方位的准备，对课堂学情进行充分预设与生成，超越自己，大胆创新，利用课程资源，为学生搭建有效的学习与展示的平台。

2. 打造有效课堂，学用相长

（1）丰富认知形式，学以致用。

生活数学课以旧带新，学生点数物体的数量后与老师互动，进行学情反馈；用超轻黏土，做出数字，粘贴在黑板上，做小老师带读；走进超市购物，在采购中巩固新知。生活语文课，“配套”使用的视频与绘本，让学生在动静结合中了解季节特征。他们坐在教室里借助学习小书，认字、读词、说句；走在校园里，以生活为课本，观察植物季节的变化；参观小菜园，运用学习到的句式介绍各种蔬菜的主要特征。

（2）提高适应能力，用以促学。

用“七步”法洗手、开窗通风、清扫地面、摆放桌椅……这些生活技能，都是践行“精讲多练”的教学原则，用以促学，学生最终达到熟练掌握，提高自我防护能力。

本学期，雨水较多，出行不便，我们临时调整教学内容，添加了“我会用伞”的实践教学。主讲老师在前边做示范，学生实操，辅助老师负责巡视指导。然后，学生交换雨伞，展示伞的使用过程。只要雨天去食堂、宿舍或从宿舍回教室，学生自己打伞，我在一旁辅助。

二、反思、创新，多样作业展现特长

“双减”落地，作业应成为展现学生课堂知识与能力获得的重要窗口，也要做到高效课堂与课后延伸的一体衔接，形成“层次清”“种类多”“形式活”的特点，与学生个性的发展需求相契合！

（一）课堂作业、分层设计，尊重差异

面对学生差异性大的现状，每次课堂作业，我都是在备课时就做好分

层设计。课堂上，我会为每个层次的学生提供涵盖同一内容，但难度水平不同的学习任务单或者根据学生的能力水平准备适当难度水平的个别化学习材料。以“我的早餐—主食”这一课为例，A 层次学生任务单是图文配对；B 层次学生的任务单是看图片粘贴相同图片；C 层次学生是听名称指出对应的实物。

（二）单元作业、发挥特长，减量激趣

单元作业检测的是学生对主题单元知识学习、掌握、运用的程度。我改变原来试卷测试的方式，根据学生各自的特长，设计多样的作业形式。以“秋天的果实”单元作业为例，对于爱画画的同学，要求他画出自己爱吃的水果，以检测学生是否掌握这种水果的主要特征（形状、颜色）；对于动手操作能力强的同学，作业单内容：洗净水果，剥开栗子；对于语言能力强的学生，单元作业是运用句式“我爱吃______，它的形状是______，颜色是______，吃起来味道______”介绍；爱唱歌的同学，作业单是：唱出秋天成熟的水果。

（三）假期作业、实践体验，观察探究

“双减”后的第一个寒假，我为学生设计的作业注重多样化、特色化、个性化，有习惯养成（读绘本、写字词、30 分钟户外活动、早晚洗漱），影视赏析（动画片、亲子电影），听、讲故事，实践与体验（听鸟鸣、听雪落、听风声、听手机录音），观察探究（寒风中的人和物、雪中的景物、雪人哪去了）。这份寒假作业受到了学生的喜爱，他们不再是在家长硬性监督下痛苦地“煎熬”，而是带着思考和创新主动完成！

三、探索、调整，课后服务彰显温度

课后服务是“五育”融合课堂的有效延伸，是为了让教育效能深度助力每个孩子的发展，让他们都能成为最好的自己。

（一）政策研读，顺性扬长，模式初建

学生在课后服务中有所进步和发展，这将提高家长对教育的满意度。正确理解“课后服务”的意义，积极参与“课后服务”框架的搭建，建言献策，认真实践。根据学校制定的“课后服务课程表”安排的课程撰写教案，活动后及时反思。学校还通过教研活动对“课后服务”进行补充改进，使其成为释放孩子天性的快乐时光。

（二）深入解读，提质增效，落实“五育”

经过一个学期的实践与探索，学校“课后服务课程表”有所修改，将原本两节大课“瘦身”为三节，课程内容也更为丰富，努力实现学生“六动”（身动、心动、脑动、情动、意动、手动）的多元融合体验。在落实“五育”的过程中，学校更多侧重体育和劳动，愉悦学生的身心。我们通过组织、参与“课后服务”，可以近距离地和学生接触，为其擦汗，帮其捡球，带其点籽，助其拔草，手心不断传递的是爱的温度。

四、问题与思考：“减”与“增”，任重道远

自从 2021 年秋季开始实施“双减”政策以来，学校和老师从课堂、作业、课后服务这三方面提质增效，初见效果，家长对教育的满意度开始提高。今后，学校将围绕“双减”精神，深入实践，做好“增”与“减”，为学生的健康成长奠基。

音乐游戏在孤独症儿童康复训练中的应用

王　娟

孤独症患者存在严重的感知觉异常，规则意识也很差，很难理解课堂常规内容。这些行为特点，一个重要原因是他们存在严重的感知觉异常。为了保证孤独症儿童在学校能够参与学习和康复、获得正常的生活技能和适应社会的能力，维持情绪的稳定非常重要。本文将从音乐游戏课的形式和内容入手，通过“创设生动的教学情境”“适时切换活动”“融入动作训练”这三方面来帮助孤独症学生稳定情绪参与集体活动并提高课堂参与效率，希望找到帮助孤独症儿童保持有意注意的有效方法。

一、个案情况分析

个案情况介绍：顺义区特殊教育学校 4 名孤独症儿童。个案 1、2，6 岁 +，能遵守课堂常规，坐到自己的座位，会不时地做出一些自从刺激的动作来维持自己的稳定；课上只能关注他感兴趣的物品和活动（如国旗、彩泥），提示下可短暂关注老师的动作，喜欢听音乐，听着音乐能模仿连续几个动作；提示下能短时轮候等待，但显得有些急躁。能用词组表达需要和拒绝，能主动用短句表达自己的简单要求和感受，发音比较清晰；个案 3、4，5 岁，在动作提示下遵守课堂常规，能短暂安静地坐在自己的座位，只关注自己喜欢的物品，在老师的动作辅助下能关注和模仿单个动作，情绪不稳定，经常无故哭泣。个案 4 不太喜欢音乐，能用动作表达自己的简单需要，不能主动使用语言。

二、编排音乐游戏

（1）骑小马：同学们围成一圈跪坐，双手抓住圆形的彩虹拉力圈，跟着音乐双手抖动拉力圈，模仿骑马的动作。

（2）蜜蜂飞：保持双臂向两侧平举，边跪行边跟着节奏慢慢地扇动双臂模仿蜜蜂飞。

（3）小鱼游：双臂前平举，双手并拢，边跪行边跟着音乐节奏左右摆动双手模仿小鱼游泳的动作。

（4）摘苹果：把苹果模型吊到房顶上一定高度，让孩子在跪行中保持抬头姿势寻找苹果，然后用力伸出双臂向上摘下苹果。

（5）小熊爬：跟着音乐节奏双手双脚（四点）支撑向前爬行，撑不起来的可以用膝盖和双手支撑爬行。

（6）赶蜜蜂：双手各捏住正方形纱巾的相邻一个角，跟着节奏的快慢抖动、向前甩动纱巾，做出驱赶蜜蜂的动作。

三、音乐游戏的形式和内容

	个别指导课的实施	集体课的实施	家庭康复的实施
音乐游戏的内容	蜜蜂飞、小鱼游、摘苹果、小熊爬、赶蜜蜂	骑小马、蜜蜂飞、小鱼游、摘苹果、小熊爬、赶蜜蜂	蜜蜂飞、小鱼游、摘苹果、小熊爬
音乐游戏的次数	每周 2 次（周一、周三）	每周 5 次（每周 5 天，每天 1 节音乐游戏课）	每周 2 次（周六、周日）

四、知动训练在康复训练中的实施

（一）创设生动的教学情境，让音乐游戏贴近学生生活

情境教学是指在教学过程中，教师有目的地引入或创设具有一定情绪色彩的、以形象为主体的生动具体的场景，以引起学生一定的态度体验，从而帮助学生理解学习内容，并使学生的心理机能得到发展的教学方法。

在音乐活动课开始前，创设骑马旅行的情境，播放有伴奏的视频短片，先让学生观看别人骑马在大草原奔驰的视频，让音乐欢快的节奏和视频的影像吸引孤独症儿童观看，进而理解骑马旅行的意思，并与自己的生活相联系。接着，老师拿出彩虹拉力圈，让同学们模仿视频中的人骑马时手里抓握绳子的动作（强调要抓住才不会摔下去），跟着音乐节奏练习上下抖动绳子，模仿骑马的动作。抖动过程中的抓握练习能提高学生的手部抓握力量。熟练后可以增加动作难度，引导孩子们边抖动绳子边跪立起来或者交替半跪，这样能提高对腰部力量的控制能力。

在每节音乐活动课开始时导入这样贴近生活的情境，能让孤独症儿童有身临其境的感受，这样他们才能更好地理解情境，从而更好地参与活动。

（二）适时转换音乐游戏，抓住学生参与游戏的注意力

注意是学习的基本技能。孤独症儿童由于感官知觉问题，注意力只有在自己感兴趣的事物或事件上才得到维持。注意力保持的时间直接决定他们上课效率的高低。在音乐活动课上，充分考虑儿童的注意力特点，每个活动开始都用音像结合的课件导入，比如，小鱼游的游戏开始时播放伴有音乐的小鱼在水里游来游去的视频，然后引导孤独症儿童观看老师做出的小鱼游的动作，边听音乐边反复模仿老师做出的动作，跟着节奏模仿小鱼游；在这个游戏持续 5 分钟左右赶快结束，接着打开大屏幕观看下一个课件，开始下一个游戏。这样在孤独症儿童刚要转移注意力的时候，就用生动的音像结合的课件及时把他们的注意力重新拉回集体活动中，开始下一个活动。

（三）融入动作训练的内容，带学生轻松愉快地发展

反复聆听音乐让智障儿童的大脑皮层处于兴奋状态，并使大脑皮层的兴奋点较长时间地不脱离教学活动，同时使大脑皮层保持相应的觉醒状态。

在音乐活动的过程中，设计加入各种动作的练习，在骑小马的游戏中引导学生保持跪立的姿势，并适时地加入交替半跪的动作练习，在小鱼游和蜜蜂飞的过程中练习前进跪行和倒退跪行；在小熊爬的游戏中，四点支撑的动作训练孤独症儿童手臂和腰腹肌肉力量与身体协调能力；赶蜜蜂的游戏中双手挥动纱巾的活动练习双手抓握力量和手臂手腕灵活性；摘苹果的活动中，引导孩子用力向上伸展手臂，抓握苹果，提高了手指力量控制能力和手臂力量。

通过听觉的不断刺激，智障儿童既享受了音乐的美，调节了情绪，又不断刺激听觉，提高他们对事物的反应能力，加快知觉速度，也让身体各部位的肌肉力量和协调性得到锻炼和提高。近代神经科学研究表明：某些类型的音乐和节奏，可以刺激大脑，产生一系列神经递质传导改变，调节行为、动作，强化沟通和认知能力，从而达到治疗的目的。

（四）利用丰富的学具，增加学生的感觉信息输入

孤独症儿童的注意力易分散。应该把视觉、听觉和触觉等感觉结合起来进行教学，这样就能抓住孤独症儿童的注意力，有效地培养其他能力。音乐游戏课不仅让孤独症儿童通过视、听等多种感觉来学习、感受音乐，还能通过丰富的教学工具为学生提供他们喜欢的触觉刺激。

在进行骑小马的游戏中，为儿童提供质地柔软绒布做的彩虹弹力圈，孩子抓握起来非常喜欢，不愿放开；在赶蜜蜂的游戏中，孩子们用手抓握住纱巾的质地也是孩子们很喜欢的，他们不停地摩挲；在摘苹果的游戏中，选用触感有些接近绒的仿真苹果让孩子摘，他们也越来越有兴趣。

这样的音乐游戏通过视听触觉输入大量的感觉刺激，让孤独症儿童的多重感官都得到满足，在教学中选用贴近他们生活的内容作为素材，这样有助于他们感知抽象的音乐。在这些活动中将视觉、听觉有机结合起来，促使脑、口、手、足多部位的综合性活动，使全身处于积极活跃的状态，有利于增强孤独症儿童的中枢神经系统对动作的控制能力和协调能力。

五、研究结果分析

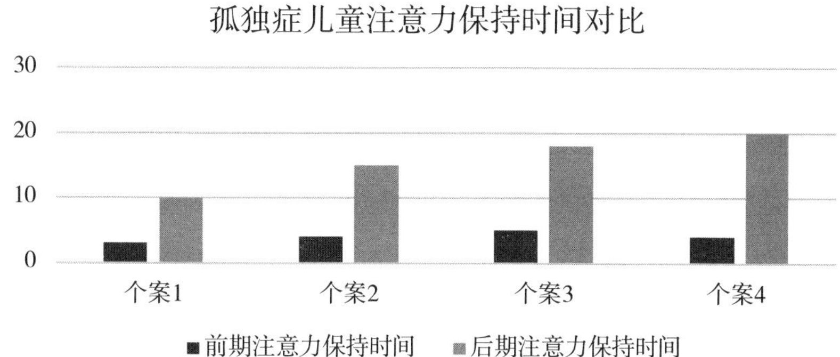

根据记录和统计，4 名孤独症儿童在研究前后参与集体课的活动时间对比显示，孤独症儿童在后期参与音乐游戏课时基本能保持很长时间，并保持稳定愉悦的情绪，可见，音乐游戏的这种形式非常适合组织孤独症儿童进行。

六、反思与建议

（一）知觉动作训练要先行

在孤独症儿童的发展过程中，尤其是学龄前的儿童，都应以动作发展为主，开展的训练应安排大量的动作训练，其他领域的训练活动根据评估动作发展水平适时适度开展，尤其是认知和语言领域的训练，不宜过早刻意开展，否则会严重影响孤独症儿童其他能力的发展。

（二）孩子的情绪要关注

在训练过程中要注意关注孤独症儿童参与活动时的情绪状态，创设轻松愉悦的氛围和丰富的情境，适时地根据孩子的状态灵活调整动作练习的时间，孩子们只有保持放松的状态才能让训练活动事半功倍，否则，如果因为训练产生不良情绪，就得不偿失了。

信息技术赋能　提质生活语文课堂

张晓文

20 世纪末，人们开始创建 Blended Learning 的课堂教学模式，即面对面的课堂学习与数字化学习两种方式的有机结合。在这种混合学习的理论基础上，“互联网 +”走进培智的生活语文课堂，实现沉浸式的“教与学”。

一、教学网站设置领域课程，纵向整合教学内容

美国特殊教育专家柯吉和加拉赫指出：“现代信息技术以其图形、图像、文本、动画、视频、声音等效果的结合使其图文并茂、声像并举、动静结合让刻板的教学变得丰富多彩，体现了以人为本的需要。”

当代培智教育需要推进内涵建设，而内涵建设的核心应为：“提升课堂教学质量，提高育人水平。”为此，我们生活语文教研组运用信息技术手段，采用树状分类法绘制出九年义务教育阶段学生学习的主题结构图，作为课程网站的首页内容：一级母本为“生活语文”，二级为依据生活语文课标设置的五大板块（“学校生活”“个人生活”“家庭生活”“社区生活”“国家与世界”），三级为各板块设置的三大年段学习内容（低年段、中年段、高年段），四级为各年级围绕学习内容确定的学期主题，五级为各学期具体学习的单元主题。

二、借助网络，优化课堂结构

“互联网 +”教育时代的背景下，教师不仅要做教学智慧的建构者、解释者，还应具备在教学情境互动中生成的实践智慧。

（一）多媒体课件呈现生活场景，教学模式从单一走向多元

每年新生入学，认识校园是必上的第一课，传统教学中的老师需要带着学生在校园里边走边认，一天下来，老师讲得口干舌燥，学生却一个地方也没记住。

如今“老”课“新”上：主讲老师带着学生认识校园，重点引导他们记住每个地方最明显的事物，辅助老师用 iPad 拍下过程。然后主讲老师把视频资料上传到电脑，做成教学课件。新课导入，动态的视频画面集中了学生分散的注意力。借助图片让学生“认一认”，老师只需点击屏幕。当学生说不出图片中的地方，即可放大这个地方最明显的标志物。有的学生还是一脸茫然，可点击声音带读，学生跟读。最后，老师带着学生“故地重游”，再次请他们指认校园里的这些地方，做到“体验生活—课堂理解—生活应用”。

（二）微课突破教学难点，微信降低学习难度

“互联网 + 生活语文”的课堂教学，遵循“听说先行，读写跟进，多认少写”原则，所以帮助学生养成正确的握笔姿势就成了低年段语文写字教学中的重难点。这是因为低年级学生手部协调能力很弱，握笔不稳，位置不对，用力不准。即使老师手把手地教，学生独立握笔，姿势还是不正确。

新课的第一课时，老师都会安排“我会写”的活动，每次练写之前，学生都要观看“正确握笔写字”的微课。第一遍以正常速度播放，给学生一个整体的感知。第二遍，播放速度降低到正常速度的三分之一，加深学生对正确姿势的记忆。第三遍视频播放，学生边看边实践。老师用 iPad 将他们的写字姿势拍录下来，上传到电脑，组织学生及时评价。

（三）课程整合，数字化平台助力生活技能的形成

网络信息技术走进生活语文的课堂，学习资源得到了前所未有的丰富。

学生能在一个更为广阔的学习环境中掌握生活常识，形成生活技能。

中年级生活语文课《我会点早餐》，选取学生最熟悉的用餐环境——肯德基，借助的是实践课去超市购物前，老师带领学生去肯德基用早餐的生活视频，画面定格在学生手中的点餐单上。老师带读“汉堡”“蛋挞”“油条”“豆浆”“粥”后，点击课件，引导学生观察图片，识记早餐食品的名称。接下来进入“猜一猜”的游戏时间。随着画面从局部逐渐显现，学生快速抢答。答对了，课件出示“笑脸”并伴随声音的表扬“你真棒”；答错了，课件出示“哭脸”并伴有声音的鼓励“下次努力”！学生在“玩”中体会学习的快乐。接下来，学生打开手中的 iPad，点击屏上肯德基的标志图片进入排列成一行的早餐页面。根据手中自己填写的点餐单，选择、拖拽图片，根据自己的喜好，搭配自己的早餐。

三、家校同步，优化网络教学

（一）网络平台，资源共创共享，提质课堂教学

建立“互联网 + 教育”的平台，实现学生多样化学习，提升他们的语文素养，实现资源共享。把教学中的灵光乍现写进平台的“奇思妙想”；以此为参考，组内信息技术水平高的老师负责制作出相关内容的 PPT、微课，发到“原创作品”；课堂教学实践后，老师们在“交流共鉴”中发表意见或建议。经过反复修改的教学资源，将数字化环境和特殊教育深度融合，增加了课程教学可视化、可体察、可交互的信息通道。

（二）多维度教学空间，微信衔接家校共育

教育家苏霍姆林斯基说过，学校和家庭，要行动一致、信念一致，始终从同样的原则出发，无论是在教育目的上、过程上，还是在手段上。

1. 微信推送，更新家长教育观

教育孩子并非只是老师的天职，仅凭老师和学校的微薄之力难以完成育人的重任，我们需要家长的鼎力相助。其实，好家长胜过好老师，其言行对孩子的成长更具有重要的教育作用。通过家长会、家庭教育讲座、家访等

形式，来帮助家长更新观念，转变思想；借助微信给家长推送最新的特教动态、教育理念。家长在群里也积极为班级建言献策，帮助建立健全规章制度。这样的家校共育，让每一个生命都能更好地拔节成长。

2. 微信互动，网络学习提质生活大课堂

学生从生活走进课堂，最终还是要从课堂回归生活，所以，家庭同样是他们的学习课堂。培智学生的识记速度慢，接受新知识的能力较弱，认读词语正确率低。所以，我把每节课认读词语的课件发到班级学习群里，请家长帮助学生进一步巩固词语，加深认知。家长在辅导过程中，可随时与我视频商讨；家长上传孩子认读词语的视频，我也会及时反馈点评。

教育就是习惯的培养，优良的素质犹如天性一样坚不可摧。所以，培智教学必须重视学生学习习惯的培养，如站、坐、立、走、握笔、读书的正确姿势。考虑到习惯的养成并非一朝一夕之功，我把这些正确姿势的微课视频发送到群里。课堂上，学生看微课自己纠正姿势；居家时，学生也可以在家长的指导监督下继续用正确的姿势看书学习。

四、实践应用中存在的问题

（一）智力障碍依旧影响学生对新知的接受和理解

尽管互联网时代背景下的信息技术以文字、声音、动画、图像等形式对学生形成一定的视觉冲击，但他们对于字、词、句的意思还是很难理解。

（二）培智学生的网络学习资源尚未实现全面共享

由于培智学生的特殊性，对网络学习资源的使用有着诸多的要求。所以，一个教学资源从构思到制作再到修改直至最后的使用，耗时费力。而且，一个年级就两三个班，使用率不高。如果能打破区域限制，实现资源网络共享，生活语文的课堂那才真是满园春色！

展望“互联网＋生活语文”教学，应是在创新应用中逐渐构建起教育共同体、学习共同体、师生共同体的数字化智慧课堂。学生只要努力，就一定能适应未来的生活，让自己的生命焕发光彩！

“微课＋助教” 打造智障学生信息技术课新方式

肖承强

微课以短小精悍的微型流媒体教学视频为主要载体，是针对某个知识点而精心设计开发的一种情景化、趣味性、可视化的数字化学习资源包，培智学生使用的微课时长一般设计为5—6分钟。

智障学生由于大脑或神经系统的障碍，感知觉的速度比正常儿童慢很多，同时缺乏感知觉的积极性，因此他们的注意广度狭窄，反应迟钝，学习速度缓慢。针对智障学生认知特点，将微课程学习资源适当引入培智信息技术课堂，通过教学实践发现，微课程不仅能很好地调动培智学生学习信息技术知识的积极性，还避免了教师反复讲授同一操作方法，提高了课堂效率。

一、信息技术课“微课＋助教”的应用背景

信息技术学科是一门操作性较强的课程，每一节课都是智障学生在掌握一定知识的基础后完成若干操作任务，在常见的教学环节中总会有“教师演示”，“智障学生完成任务”。看似简单，但在实践中会发现不少问题。

针对智障儿童的这些特点，在常规的教学中，老师不得不采用“讲、演、练”的模式，即先讲清任务需求，分解知识点，再演示操作，最后半节

课让智障学生练，形成了“前半节讲得细，后半节凭回忆”的模式，导致学习较慢的智障学生难以完成任务。并且信息技术教师通常兼带一个年级的信息技术课，教师的重复性劳动多，同样一次课有可能要重复很多遍。这样不厌其烦地讲解与指点，考验老师的耐心，也消耗了老师的精力。如果将教师最精彩的讲解过程，制作成一个个微课，智障学生在完成任务时也可以反复观看微课，控制播放节奏，既方便了教师也可以大幅提升教师上课的效率。

智障学生在完成任务时，教师应起到协助者的作用，当智障学生遇到困难的时候，能及时跟进，给予适当的提醒、点拨或解答。智障学生的信息技术水平层次不一，操作能力好的智障学生很快就能完成任务，剩下的时间可能无所事事；基础差操作慢的智障学生可能不知道从何下手。而“助教”的教学方法正适合这种差异化的课堂。让学得快的智障学生当教师的小助教去指导学得慢的智障学生，既可以缩短智障学生之间的个体差异，让每个智障学生达成学习目标，也减轻了教师的教学负担。

二、信息技术课“微课 + 助教”的应用要点

“微课 + 助教”的教学方式有以下关键环节。

（一）自主探究，通过微课突破教学重难点

从教学的角度来讲，以微课为演示资源，进行重难点知识的讲解，既可以强化、巩固重点，又可以减轻教师的工作量。在这一环节中，教师以任务驱动，智障学生边观看微课边完成相应任务。与传统的教师演示智障学生观看的方式相比，微课在这一阶段的应用有以下优势。

1. 便于智障学生自主学习、自定步调

在传统教师演示环节中，智障学生由于注意力和理解能力等原因，观看教师演示的时候很有可能遗漏重要步骤没看到，导致智障学生无法顺利地学习，完成相应的任务。而教师精心准备的微课可以帮助智障学生自定步调，随时暂停，没看懂的地方可以反复观看，更方便地帮助智障学生学习，使智障学生更容易掌握操作步骤，完成任务，提高智障学生的自学能力。

2. 可以解放教师，便于教师个别指导、发现问题

教师不再在课上进行一步步演示，从而可以花更多的时间来了解学情，对于学习困难的智障学生进行个别指导，及时发现智障学生在操作过程中容易出现的错误，并及时反馈。

（二）“助教”帮助，整体提升教学效果

在组织教学时，教师首先根据智障学生对信息技术基础知识的掌握水平和智障学生对计算机操作的熟练水平，将智障学生分成不同的几个小组，将好、中、差 3 个等次的智障学生按照 1∶1∶1 的比例分配到每小组中，并且每一小组都安排一两名“助教”，小组人数 6 人左右即可，让“助教”协助教师进行教学。在课堂教学中，可以通过组间竞赛、组员比拼、优秀小组、优秀“助教”等方式激发智障学生的兴趣。“小助教”的使用有以下优势。

1. 加强智障学生合作交流，增强学习氛围

有了“助教”的配合，教师像多长了几双手。智障学生请教教师的少了，同学间互帮互学的多了，学习气氛浓了，课堂上逐步养成合作、探究、自主学习的氛围。增加了智障学生学习的积极性，增进了智障学生之间的友谊。

2. 节约教学时间，有效达成全班的教学目标

通过采用这种指导模式，很好地解决了教师因高年级智障学生人数多，学习程度参差不齐而带来的指导困难与不足的问题，使得每位智障学生在老师和“小助教”的帮助下都能顺利完成操作实践任务，既锻炼了智障学生的动手能力，激发了他们的学习兴趣，又营造了良好的学习氛围，从整体上提升了课堂教学效果。

三、教师辅助引领，拓宽延伸课堂

通过微课演示、助教辅导，教师的角色作用也有很大的转变，成为课堂的组织者、问题的发现者，通过提问、评价等拓宽课堂的广度，延伸课堂的深度。

首先，教师可以分身有术，变传统的对智障学生的个别指导为对学习小组的指导，以便及时发现共性大的问题。对“学困生”有精力和时间进行查漏补缺与“一对一的重点辅导”，这样一来，既充分发挥了“小助教”的作用，也能通过教师对各个小组的指导和对个别“学困生”进行点对点的重点辅导，完成对全体智障学生的指导。

其次，教师要解决巡视和指导中发现的共性问题，即使智障学生在完成任务时没有遇到共性问题，教师也要针对重难点问题进行引导提问，了解智障学生对知识内容是否真正理解。同时，通过引导启发、布置拓展性任务，让学习任务更有层次，更贴近智障学生生活。

最后，教师要善于评价，恰当把握和运用教学中的课堂评价是一种能力，更是一门艺术。教师对智障学生的情绪体验、行为，学习态度、方法、过程、效果等进行即时评价，是重要的课堂调控手段，具有激励、引导、帮助智障学生有效地进行后继学习等作用。

“微课”“助教”都是当前比较流行的教育话题，“微课”是技术层面，“助教”是方法层面，两者的结合让信息技术课焕发新的活力。在信息技术课的教学中，只要教师制作好微课，培养好“助教”，不仅课堂组织教学更好，教学效果也更明显。在两者的帮助下，并在教师组织引导和自身的努力之下，智障信息技术课将绽放光彩。

运用多媒体技术　提高智障学生生活技能

殷　争

近年来，随着多媒体技术在教育领域的广泛使用，大量的多媒体进入了课堂。由于多媒体具有文本、图形、动画、视频图像、声音等多种媒体集成的优势，信息容量大，表现形式灵活，使原本枯燥的内容变得直观易懂，给学生带来了一种全新的环境和认知方式，有利于学生感受、理解、体会，并激发他们的情感，提高他们的参与热情，深受广大教师和学生的喜爱，在教育教学中起到了很好的作用。

我在智障课堂教学中发现，运用多媒体技术开展教学活动，可以更好地帮助学生学习、巩固所学的知识与技能，为他们创设更真实的情境，使他们在享受生活的同时勇于锻炼自己、展示自己，提高了学生学习的积极性，生活技能有了明显的提高。

一、运用视频，学习知识技能

视频是对智障学生进行视觉提示的一种非常有效的方法，它能将教学内容形象、生动、鲜明地表现出来，使原本枯燥的内容变得直观易懂，有利于学生感受、理解、体会，并激发他们学习的积极性，提高他们主动参与学习活动的热情。

（一）搜索视频，激发学生学习兴趣

在教学中，为了激发学生的学习兴趣，我搜集了很多适合学生观看的视频。例如，在学习“我会邀约”这个主题下的《我们去看电影吧》这节课时，我上网搜索了电影院即将上映的大电影预告片，在课上给学生播放，学生们非常感兴趣，都兴奋地观看，激发了学生进一步学习的欲望。又如，在学习“我会乘坐地铁”这个主题时，我下载了北京赛特奥莱的宣传片让学生观看，告诉学生，学会了今天的知识，我们就可以坐地铁去奥莱玩了。学生们被宣传片中的美景深深地吸引，学习更加认真了。

（二）自制视频，指导学生学习技能

利用视频将教学内容直观、形象、鲜明地表现出来，有利于学生更加直观地了解所学内容。在教学中，为了使学生对所学技能的步骤有更加清晰、直观的印象，我录制了很多教学视频，并在视频中重点强调了所学技能的步骤。例如，在《我是小厨师》这个单元主题的学习中，在教学生制作腊八蒜时，我录制了视频。视频中，我一边介绍每一步需要做什么，一边动手操作。学生看到自己熟悉的老师出现在视频中，激发了他们学习的积极性，观看更加认真了，提高了他们的主动参与学习活动的热情，有效地提高了教学效率和教学质量。

二、运用图片，巩固所学技能

运用图片进行沟通是在智障课堂教学中经常用到的方法。图片采用上图下文、图文结合的方式，既使学生直观地了解到图片中的内容，又在潜移默化中提高了学生的识字能力，同时还具有视频替代不了的优点，就是方便学生观看。

在指导学生学习每项技能时，我都要为学生出示每一个步骤的图片和文字说明，方便学生按步骤记忆。例如，上面所说的在制作腊八蒜的教学中，学生们通过视频对所学内容的步骤有了初步的认知后，我引导学生试着说一说制作腊八蒜的步骤，边说边将每一个步骤的图片和文字出示在大屏幕上，

以加深学生的记忆。然后发给学生步骤卡片，让学生自己按顺序在任务单上排列步骤卡片，进一步加深了他们对所学技能的记忆。又如，在学习“我会乘坐地铁”这个主题时，因为班里大部分学生都没坐过地铁，所以，我带他们一起去乘坐了地铁15号线，让他们在实践中初步感受乘坐地铁的步骤，享受其中的乐趣。回到学校后，我将学生们乘坐地铁的照片按步骤一一展示在大屏幕上，并在每张照片的下面配上文字说明，让学生读一读。学生们看着自己乘坐地铁的照片，观看着每一个步骤，学习的积极性更浓了。然后，我又将每一个步骤的图片打印出来，制作成步骤卡片，在反复练习排列步骤、准确说出步骤的过程中，学生们逐步掌握了乘坐地铁的步骤，提高了独自外出的技能。

三、运用音频，创设真实情境

多媒体技术具有生动、形象、逼真的特点，尤其对声音的运用，再巧妙的人工模拟也不能代替真实声音的效果。因此，在进行情境创设时要尽可能运用真实的媒体，减少对这些媒体的技术处理与修饰。

在教学中，为了使学生更好地掌握所学习的技能，教师经常根据教学内容，创设一些真实情境，设计与现实生活中相类似的场景、人物、事件，让学生扮演其中的各种角色，进行模拟演练，提高实践能力。例如，我在上关于乘车的一节课时，设计了一个模拟乘车的活动，在教室里布置了公交车的座位、上下车位置、刷卡器等，还将公交车实际报站的声音录下来，在学生模拟表演时播放，使学生仿佛真正坐在了公交车上。这种贴近生活实际的讲授，使学生在活动中学到了知识，掌握了乘车技能。

四、运用网络，享受便捷生活

随着电脑和网络在每个家庭和学校的普遍运用，我将计算机课纳入教学中。

在“我会出行”这个大主题下，我设计了上网“查询路线”这个主题。我带领学生走进机房，先利用电脑游戏激发学生的兴趣，然后教学生输入汉字的方法。做好了前期的准备后，我开始让学生进行上网体验，一步一步引导学生查询从家到学校的公交路线。当学生完成最后一步操作时，电脑上显示出了他们来到学校所乘坐的公交车路线，孩子们高兴地说：“老师，我坐的就是这个线路的车！”网上搜索成功的体验，使学生对电脑产生的兴趣与日俱增。有了基础，我又进一步引导学生利用网络查找从学校到顺义公园的公交路线，查找从家到电影院的公交路线，浏览各个电影院的影讯、周边餐饮等，使学生足不出户就能了解到很多他们感兴趣的事，真正体验到了网络的方便与快捷。

五、运用微信，展示学生技能

微信是人们必不可少的一种沟通方式，它以互联网为媒介，丰富了人与人之间的沟通方式。在网络化教育环境下，将微信运用到教学当中，让其成为教师、学生、家长之间分享学习成果的桥梁。

为了更好地开展教育教学工作，我充分利用班级微信群，有效地调动了学生学习的积极性，学生们的语言表达、生活技能等方面都有了明显的提高。

（一）利用语音，锻炼学生表达能力

智障学生的表达能力较差，多数学生完整地表达一句话非常困难。为了激发学生的兴趣，使学生能主动练习表达，我利用微信群设计了一些活动。如在母亲节即将到来之际，我让班里每一名学生在微信群里向自己的妈妈送上一句祝福的话。起初，学生们对着手机非常紧张，不敢说，在我的鼓励下，小菲终于勇敢地说出了“妈妈，祝您节日快乐”！几秒钟的工夫，小菲的妈妈就回复道（我已事先和家长联系好）：“孩子，谢谢你！”听到了妈妈的声音，小菲别提多高兴了。其他学生看到这儿，也都鼓足勇气向妈妈说出了自己的祝福。这次活动不仅提高了学生学习的积极性，锻炼了学生的表达

能力，而且是一次很好的感恩教育。

（二）利用照片视频，展示学生技能

智障学生记忆力较差，尤其对于新知识，经常是上午刚学会，下午再问就已忘得一干二净。于是，每学完一个新知识或一项技能，我就用照片或小视频把学生们的表现发到群里，回到家后，家长们再根据学习的内容帮助孩子进行复习，然后把孩子在家里学习的情况发到群里与大家共享。此方法有效地激发了学生们主动学习、主动展示的欲望，收到了较好的效果。

总之，多媒体技术以其特有的优势，解决了教师在组织教育教学活动中的形式枯燥、学生兴趣缺乏以及理解困难等问题，有效地提高了学生学习的积极性和主动性，学生所学知识技能有了明显提高。同时，多媒体也为学生自信心的培养起到了推动作用，为学生潜能的开发提供了更广阔的空间，有效地促进了智障学生健康发展。

以课标为纲领重构教材　满足个性化学习需求

韩　晶

《培智学校义务教育课程标准》是教师开展教育教学工作的基本纲领。在实施主题教学过程中，要以课标为纲领，结合学生实际读懂教材、活用教材、创造性地使用教材并做出智慧的重构，最大限度满足学生的个性化学习、康复需求，增加实际获得。

一、以学生能力为依据，多学科整合设计单元主题活动

培智学校义务教育实验一年级第一册生活语文、生活数学、生活适应三个学科的教材内容均围绕“学校生活”展开教学活动，如生活语文第一单元包括《老师和同学》《学校》《教室》；生活数学第一单元包括《我上学了》《我的老师和同学》《我的校园》；生活适应第一单元包括《我上学了》《我的老师和同学》《我的学习用具》。教师以教材呈现的教学信息为主线，针对本班级学生能力重新规划设计了学期综合主题活动《我是一名小学生》，下设三个单元内容分别是：第一单元介绍我的校园，其中包括校园整体环境、布局、各专业教室位置内容的了解；第二单元介绍我的老师，其中包括我的班主任、我的学科老师；第三单元介绍我的新集体，其中包括我的班级、我的同学、我的集体生活。最后再以教材为依据将涉及的知识点匹配到不同的单元主题活动中。

以教材为主线多学科整合的主题教学活动，知识体系更清晰，统整性更强，伸缩性也更大。面对能力较强的学生可以适当丰富教学内容，延展教学的宽度；面对能力较弱的学生可以压缩主题教学活动的内容，设计小主题活动，减少教学的知识含量，适当地加入一些康复、社会实践等开放性的活动，但始终不离教材这条主线，沿着教材的知识体系循序渐进地开展教学工作。

二、以学生特点为依据，深入分析教材提供丰富教学资源

根据学生需求，在深入分析教材的基础上为学生提供丰富的教学资源。有效支持课标的落实及教材的使用，使教学效果落到实处。

（一）设计与教材知识内容相匹配的自制学习书

教师在课堂教学实践中加入了小学习书制作的环节。经过一段时间的研究探索，自制学习书的加入有助于学生多种能力的提升，也为不同能力层次的学生提供了个别化的操作材料。例如：在《我是一名小学生》主题教学活动《我的同学》这一单元里，学生们根据教学内容制作了《我有好朋友》小学习书。书的封面主题是“我有好朋友”，学生通过粘贴或书写补充填写封面的班级、姓名，然后再完成“她（他）是我的好朋友”“好朋友的信息”“我们一周的生活”等目录制作。随着学习的深入开展，学生把每节课的学习内容集结成了一本简易故事书且是自己做主角的有真实生活、情感体验的实况记录。

自制小学习书让学生通过动手操作，制作出专属于自己的学习材料，同时又成了教材的有益补充，但是与教材相比它更加真实，更能吸引学生的兴趣。小书中的照片是自己，场景是身边熟悉的环境，内容是学生真实的情感体验，是专属的“私人定制”款。在制作过程中针对学生学习能力提出个性化要求：具备操作剪刀能力的学生就裁剪学习书中用到的材料、具备粘贴能力的学生就进行材料粘贴、具备书写能力的学生就完成书中的书写任务等，既训练了精细动作又练习了学习工具的使用，还使书写能力得到了巩固。小

学习书制作完成后会成为学生阅读、分享的媒材，成为培养学生语言表达、语言理解能力的工具书。

自制小学习书更像是学生的口袋书，便捷而且价值大，是孩子们课间必备读物，他们会从书中寻找熟悉的人物、熟悉的景色介绍或指给身边的同学听、看。

（二）开展与教材知识内容相匹配的游戏活动

为了丰富、延展教材内容，教师们设计编写了与教材知识内容相匹配的游戏活动，并将游戏活动进行了归类整理，有数字游戏类、文字游戏类、康复游戏类等。

在复习 10 以内数的教学中，教师设计编写了“数字闪卡”游戏活动，附带了活动材料准备、活动玩法等内容。这些游戏活动激发了学生参与活动的兴趣，缓解了培智学生注意力不集中、分配难的问题。

（三）编写与教材知识内容匹配的童谣

童谣的特点是语言通俗凝练，形象性强，声韵和谐，读出来唱出来朗朗上口，节拍感极强，具有独特的艺术魅力。它既能激发学生兴趣又成为复习巩固知识的辅助手段。例如：在学习生活数学一年级上册《比多少》时，教师就可以借助童谣辅助讲解比多少的过程，“你一个，我一个；你两个，我两个……你不少，我不多，一个对一个，刚好对完同样多。你没有，我还有，你的比我少，我的比你多”。学生可以借助童谣辅助进行操作，多感官参与有助于学生对知识的掌握和理解。

（四）收集整理与教材匹配的辅助材料

绘本是与教材匹配非常好的辅助材料，教学过程中教师收集整理与所学内容相关的绘本故事作为媒介进行背景铺垫、故事导入、情境创设、欣赏活动等，激发学生兴趣，丰富课堂教学活动。例如：在二年级生活数学下册，认识 15 以内数时，教师将绘本《第 11 个在哪里》引入课堂，作为欣赏活动巩固学生点数的能力。故事以捉迷藏的形式，循序渐进地认识数字，教学中教师将书中的场景搬到讲桌上，吸引学生的注意力，在活动中学会点数。绘本成为有效的教学辅助工具，它让学生更直观地了解、感知抽象事物，激发参与课堂教学的兴趣。

丰富多样的学习资源供给为课堂教学提供了无限可能，让学生的学习时刻充满兴趣，让课堂时刻散发勃勃生机。

三、以学生需求为依据，设置专属区域满足个性化需求

教师开展教学工作始终要秉持“以生为本”。学生障碍类型多、程度重，为满足不同层次学生的个性需求，教师在结合学生学习特点和学习需求的基础上，调整教学环境，划分设置个别化学习区域，满足了学生个性化的学习需求。学生在完成集体、分组教学后，利用视觉提示任务单引导学生回到个别化学习区域进行个性学习。专属学习区域的设置有效地解决了集体教学中因残障类型、残障程度引起的分化学习需求问题，为个别化教学的实施提供了有利的环境支持。

运用绘本帮助孤独症儿童进行时序认知的实践探索

王亚东

在日常生活和教学中我们可以发现，大部分孤独症儿童存在时间认知不足现象，即对客观事件的持续性和顺序性的反应理解不足。有研究者认为，孤独症个体多方面的认知障碍都与时间认知存在紧密关系，如因果推理能力的发展依赖于对于时间先后顺序的理解等。目前对于时间认知的研究主要集中于时距和时序认知。时序认知是指人们能将两个或两个以上的事件知觉为出现于不同的时间，并且按顺序将其组织起来；时距是指相继事件间隔时间的长短。同时，研究者认为儿童对时序的理解比对时距的理解更容易，由于孤独症儿童多方面的认知能力发展迟缓和存在障碍，对其时间认知的教学更应从较易理解的时序认知开始。

绘本，英文叫作“Picture Book”，它是以纯图像或图像搭配文字，通过连贯的页面来表现内容的出版类型。绘本是视觉艺术的呈现，绘本中的图画有两种基本的表现方式：一是指涉，以图像具体描绘出事物；二是示意，以图像作为表示意思、暗示意图的媒介，形成意象，表达思想、情绪、抽象概念等内容。一本优秀的绘本通常不只有外在辨识事物的指涉功能，更能运用图像作为示意的途径，将图像转化为意象的表征以传递意义。

众所周知孤独症儿童具有视觉领域优势，他们对于图像、文字信息的理解远高于语言及其他感官系统获得的信息，结合绘本的表现特点从绘本中获得图像建立图像感，通过图像感知来触动大脑启动感觉机能，把从图像中感知到的信息和自己的生活与学习经验进行联结，经过想象与推论，得出某种概念，再传达到大脑的语言系统，将其加以诠释，完成从图像到图感，从图感到语感的进程，进而获得语言理解能力、情景理解能力、社会交往能力等。

有关孤独症的研究证明，孤独症个体在有意义材料的加工上存在障碍，如对于有上下文联系的材料的记忆效果并不会因为其意义特征而增加，这与普通儿童的认知特点相反。本实践通过使用带有自然顺序编码的与自然生活事件息息相关、涉及事件的程式知识、包含事件发生发展的常规顺序和对事件意义的理解的绘本图像来帮助孤独症儿童进行时序认知，共分为 6 个阶段。

一、选取绘本素材

通过精心挑选，本实践选取了与生活贴近的“我爱厨房”系列绘本作为素材，这个系列绘本以蔬菜汤、蛋糕、橙汁等的制作或相关情节为内容来呈现事件发生发展的常规顺序。

绘本故事一：

图 1　　图 2　　图 3　　图 4

绘本故事二：

图 1　图 2　图 3　图 4

绘本故事三：

图 1　图 2　图 3　图 4

绘本故事四：

图 1　图 2　图 3　图 4

二、理解绘本指涉的事物

指涉，顾名思义就是理解绘本图像上出现的事物及每张图片所描述发生的事情，这里不关乎绘本图片之间的时序关系。

绘本故事一：美味蔬菜汤

图 1：准备洋葱、胡萝卜、大葱、西红柿

图 2：用刀把蔬菜切成块

图 3：把蔬菜、水、调料放在锅里煮

图 4：用勺子品尝美味的蔬菜汤

绘本故事二：香甜蛋糕

图 1：用面粉、巧克力、鸡蛋和蛋糕面

图 2：把蛋糕面放在烤箱里面烤

图 3：给做好的蛋糕撒上糖果

图 4：和小朋友分享美味的蛋糕

绘本故事三：营养橙汁

图 1：准备橙子

图 2：准备杯子倒橙汁

图 3：橙子洒在了桌子上

图 4：用抹布把弄洒的橙汁擦干净

绘本故事四：拿杯子

图 1：从柜子里拿出杯子、盘子

图 2：把杯子、盘子摞好，双手拿走

图 3：杯子掉了

图 4：用笤帚和撮子把碎杯子扫干净

本阶段旨在使孤独症儿童认识、理解每一组图像所描述的事物和所发生的事情，教师逐一呈现、讲解图像内容，有语言障碍的孤独症儿童可以跟随教师读取图像上重点信息以帮助记忆和理解，没有语言障碍的孤独症儿童可以通过老师的描述指认出正确的图像，这一过程为本实践最为基础、重要的一个步骤，对于部分孤独症儿童而言也有可能耗时较长，但是教师应该耐心地帮助他们渡过这一难关。

三、图像排序

将绘本的每页图像制作成易拿取排序的单张卡片（以 10 厘米的正方形为宜），制作与绘本页数相同的单张数字卡片，以“我爱厨房”系列绘本故事为例，制作 1、2、3、4 四张数字卡片。以故事一为例，随机呈现绘本故事一的 4 张图片，每张图片呈现约 30 秒，一边呈现一边讲解，以巩固每张图片的含义，然后将图片按自然顺序编码摆放在桌子上并与数字卡片相对应，教师示范三次后要求孤独症儿童进行一次排序，直至孤独症儿童可以独立完成排序为止（对于不同程度的孤独症儿童，也可以将数字卡片更改为范例卡片，即让孤独症儿童按图例排序）。如：

图片排序主要帮助孤独症儿童对时序特征进行整体把握，既包含了时序中的顺序特征，即每张图片在相应序列中的前后、早晚顺序，也包含了时序中的位置特征，即图片在相应的时间量尺上的具体位置，如果孤独症儿童可以正确地对图片进行排序，则说明他很好地理解了时间发展的顺序。

四、过去时间图片填充

从一组图片中随机取出连续的 2 张贴在正确位置上，然后指着这张图片之前的位置，说：这里缺少 1 张，应该放哪一张图片呢？让孤独症儿童从 3 张（一组中的其余 2 张和其他组的 1 张图片）图片中选取 1 张，这一过程主要培养孤独症儿童对于“过去”时间的理解。以绘本故事二为例：

1	2	3	4
	填充图片		

五、现在时间图片填充

从一组图片中随机取出间隔为“1”的2张图片，粘贴在正确位置上，然后指着中间的位置问：这儿应该贴哪一张图片？让孤独症儿童从3张（一组中的其余2张和其他组的1张图片）图片中选取1张，这一过程主要培养孤独症儿童对于“现在”时间的理解。以绘本故事四为例：

1	2	3	4
	填充图片		

1	2	3	4
		填充图片	

六、将来时间图片填充

从一组图片中随机取出连续的 2 张贴在正确的位置上，然后指着这张图片之后的位置，说：这里缺少 1 张，应该放哪一张图片呢？让孤独症儿童从 3 张（一组中的其余 2 张和其他组的 1 张图片）图片中选取 1 张，这一过程主要培养孤独症儿童对于“将来”时间的理解。以绘本故事三为例：

1	2	3	4
		填充图片	

1	2	3	4
			填充图片

综上所述，我们观察到孤独症儿童可以对绘本的每一张图像都进行时序的认知排序，对于事件发生的中间环节进行了过去、现在、将来三个时间维度的强化时序认知。

1	2	3	4
填充图片			

1	2	3	4
	填充图片		

1	2	3	4
		填充图片	

1	2	3	4
			填充图片

1	2	3	4
	填充图片		

1	2	3	4
		填充图片	

已有研究表明，儿童时序认知的发展一直持续到童年末期或青春期初期才基本完善。时序认知的发展是一个漫长而又复杂的过程，3 岁前的时序认知发展主要是基于动作与语言，4—7 岁幼儿的时序认知尤其表现在对日常生活事件的顺序认知上，7 岁以后儿童的时序认知则开始从词表表征向数字表征过渡。由于孤独症儿童的认知特点导致他们从动作、语言、词表、数字等渠道获得的信息并不完善，加之其统合能力的局限性使孤独症儿童对于时序认知存在一定不足，而孤独症个体多方面的认知能力又与时间认知有着紧密的联系，所以孤独症儿童的时序认知是孤独症儿童认知发展过程中不可或缺的重要一环。众所周知，孤独症儿童在接受信息时具有明显的视觉偏好，而绘本中的图像及文字恰好为他们提供了视觉素材来帮助他们认知世界，弥补了从其他信息渠道获得信息的不足。

用心点亮　予你光芒　唤醒智力障碍学生内在力量

庞　冰

我带的学生是特殊学生，他们智力上存在缺陷，记忆力较差，应用能力较低，抽象思维欠缺，不能灵活运用所学的知识和技能，社会适应性也存在一定的障碍，在各方面都远远落后于正常的同龄人。因此，他们往往表现出说话声音小、不敢看人、不敢表现自己等。为了唤醒他们内在的力量，我利用多种方法，尝试让他们重新认识自己，发现自身的美，找到自信。

一、运用故事唤醒学生发现自己的美

德国教育家第斯多惠说过："教育的艺术不在于传授知识，而在于激励、唤醒和鼓舞。"这些学生在生活中一次一次遇到挫折的时候自信心一点点地被收了起来，他们很少在别人面前展现自己，以为自己很差，看不到自身的优点，发现不了自己的美，我们不能吝惜，要把最美的语言给他们，重新唤醒他们的自信心，让他们重新认识自己，发现自己的美。

我将学校中出色学生的照片做成绘本，引导学生们欣赏："这个漂亮小姑娘带着大家一起做操，她做得多好啊！""这个大哥哥每次升旗时，都到前面来当主持人，他的勇敢真是让人羡慕。""这个姐姐上台表演节目真好，我们一起来夸夸她。"……我把这些美的语言，给了和他们一样的孩子，并告诉他们，你们也是最出色的。

学生开始慢慢地想自己的优点，有的学生能从自己身上发现一两点优点，有的学生表达不清，我都一一给予鼓励：“你们真棒，都在寻找自己的优点，在思考的过程中我们会发现一个不一样的自己，这个自己很美。”

二、利用活动让学生认识自身的美

无论哪个孩子，只要我们耐心寻找，就必定能发现他的优点。作为父母和老师，应该首先发现他们的优点，并欣赏他们，告诉他们美的真谛，他们才能有信心，真正认识自身的美，并积极主动地去学习和生活。

（一）父母的鼓励培养学生自信

在学生对自己的优点还认识不清的时候，我会采用视频讲述和现场讲述的形式，让父母说一说自己孩子的优点，学生们在听了父母的夸耀以后，心里都美美的，学生们觉得在父母的心里他们有这么多的优点，是他们正确认识自己，认识自身美的有效动力，同时感受到父母对自己的爱。

（二）寻找自身的美

在学生们通过父母的叙述，认识到自己优点的基础上，我把这些优点打印出来，粘在他们的任务卡上，接着布置了任务：寻找自己的美，粘在“我最美”任务单中。学生在寻找与粘贴的过程中，再一次明确自己的优点，认识到自身的美，粘好后把自己的任务单展示在黑板上，这时候，学生开始赏识自己，觉得自己也有这么多优点，自信心慢慢形成。

（三）利用展示角，让学生认识自己的美

“班级的展示角里粘贴最美的语言，你觉得哪句话最能表达你现在的想法？”学生们开始在展示角里寻找，一个同学说：“我能行，我最棒”。“真好，我也觉得你们是最棒的。”“那咱们一起来说一说这句话，我们伸出我们的大拇指，一起来说‘我能行，我最棒’。”学生们说得信心满满，声音洪亮，从同学们的声音中我感受到了他们内心的变化。

三、借助平台让学生感受自己的美

（一）在舞台上展现自己

我在课堂中设立“大舞台”，让学生表演他们最拿手的才艺。“你们这么勇敢，能上台表现出来吗？这样你们会变得更美。”一个学生走上台朗诵了一首诗。“朗诵得真好，像一位朗诵者在台上表演。我们为你鼓掌。”大家为他鼓掌。他看我表扬他，并看到这么多同学为他鼓掌，笑得合不拢嘴。接着，另一个孩子也上台来表现自己的才艺。看到他们能勇敢地面对挑战，自我尝试，我感到他们脸上的笑容和内心的美巧妙结合，这是一个多好的开始啊，这样你们才是最美的。

（二）在大擂台中培养美

有的学生平时喜欢低着头，说话时不敢看人的眼睛，抽象思维和领悟能力也差，有时老师说的话不能理解，所以我以游戏大擂台的形式让学生感受自己是独一无二的，感受自己的美。

我先跟学生说明游戏的规则和方法，你想和哪位同学做游戏，就去找他，找到他之后，看着彼此的眼睛，一起来数 30 秒，30 秒后如果他做到了一直看着你，那我们就用“你最棒”来夸夸他，没被夸到的同学要继续挑战。

规则说完后，他们就开始找起了自己的同伴，找到之后，互相看着对方的眼睛，一起数 1，2，3…… 一直到 30，同学们在鼓励下都做得很棒。学生在大擂台中感到成功的喜悦，对自己的认识也不断加深。同时，在别人的表扬声中增强了自信，真正感受到了自己的美与快乐。

四、在实践中让学生找到美的方法

在生活和学习中，智力障碍学生常常会遇到一些困难，并采取逃避的形式来解决。不是他们不想去战胜困难，而是他们不知道解决问题的方法，也没有信心去解决问题。这时候我们就要教会学生解决问题的方法，并鼓励他们面对自己的困难。

为了使学生更好地解决困难、变得更美，我给学生们提供了“变美四法”，并通过发生在学生身上的实例引导他们找回自己的美。

“变美四法”包括：①说话的时候大声一点。②说话的时候看着对方的眼睛。③勇敢尝试。④要坚持。学生知道方法之后，就可以利用这些方法尝试着去解决问题，迎接更美好的自己。

“滑轮滑时很害怕，不愿尝试，该怎么办呢？”董同学大声说：“老师我在轮滑课上要勇敢，慢慢学，我一定能学会轮滑。”

张同学每次进教室时都是在家长的再三教导下声音很小并低着头和老师打招呼，你们能帮他想想办法吗？学生们告诉他“要大声地说”“要看着对方的眼睛”“要相信自己”，经过学生的鼓励，他看着老师说话时声音洪亮。

著名心理治疗师维吉尼亚·萨提亚说：“希望是改变的重要组成部分。与其与黑暗做斗争，不如为它增加一些光明。”让学生发现自己的美是点亮智力障碍学生自信的光，它带给他们希望，让他们更加自信，也对未来充满信心。作为教师，需要我们在学习、生活中关注一点一滴的情境，不放过任何的教育契机，帮助他们唤醒内在的力量，让他们能在困境中寻找到自己的美，找到属于自己的那一份自信和快乐，才能更好地融入社会生活。

让智能手机促进“折翼天使”成长

杜淑海

随着科技的发展，智能手机已经成为人们生活的一部分，也在不知不觉中改变着我们的生活方式。受多方面因素影响，大部分特教学生依然无法顺畅使用智能手机。有的家长即便是让孩子拿手机也仅限于听歌、玩小游戏、看短视频，并没有给他们装电话卡，怕他们误拨花钱，更怕打扰他人正常生活。面对此情形，特教人要努力教会学生掌握智能手机的基本功能，无障碍地和家人联系，通过智能手机方便生活。

一、尝试练习使用智能手机打电话，和家长建立亲情关系

我们班有两个自己单独上下学的学生，虽然他们在班上是能力最强的两名学生，但我和家长难免还是会担心。每天都是他们到校后，我会及时告知家长，可是有时任务很多，就忘记了，使家长十分着急；有时他们放学回到家，没见到家长，就忘记和家长说了，老师也很担心。于是，我决定训练他们使用手机和家长、老师进行联系。

（一）做通家长工作，让孩子拥有自己的手机

家长总会担心孩子把手机弄丢了，有时也担心打扰到他人正常的生活，就没有给孩子置办手机。即便是孩子有手机的，也只是听听歌，玩玩游戏。我和家长讲了手机的好处，并且说明会在不用那个手机的时段里帮学生看管

手机，放学时交给家长带回家。我还特意制作了一个小储物盒，把每个孩子的手机贴上标签，不练习时，就关机放到储物盒中，上课时再发给学生们练习使用。家长们听了我的建议，纷纷给孩子准备了手机。

（二）练习手机接打电话的基本功能，让孩子给亲人打电话

孩子们有了手机，我开始让他们了解最基本的功能。开关机，就这一个小小的按钮，由于孩子们的精细动作不够完善，手指动作不协调，我们练了一节课的时间，终于大家都做到了。调节音量大小，这个我们练得很快。找到通讯录，查到妈妈的号码，一节课下来，有的学生还是不能找到妈妈的号码。陪读家长张妈妈提议说：“可以设置亲情号码，长按某个数字，就可以找到相关的人。”

我把小董手机中奶奶的电话号码设置成了按键“2”，帮助阳阳把妈妈的号码设置成了按键“1”，这样他们就可以很方便地和家长打电话了。电话接通的那一刻，孩子们都争着说：“这回是我自己拨通的电话。”家长们在微信群里高兴地表达喜悦之情，用语音发来了祝贺的话语。孩子们很高兴自己的进步得到了肯定。会用手机之后，我们班两个自己走读的学生到学校之后第一件事是给家长打电话，告知家长已到校，这样家长就可以放心地工作了；他们放学回到家第一件事就是给我打电话，报平安。

（三）使用文明用语，让孩子成为接打电话的“小天使”

练习使用手机一段时间后，孩子们几乎都能够熟练地找到电话号码，正确拨出电话与亲人通话了。久而久之，我发现了一个问题，他们的语言表达不是很流利，说话语气很重，有时向我报平安，接通后说一句“我到家了”，然后就挂了；到校给家长报平安，我明明听见家长在电话那头还在嘱咐一些上课好好听讲之类的话，他们就挂掉了电话。这就需要结合这项实用技能培养学生的语言表达能力，做到亲情沟通。于是，我决定采用结构化教学方法，制定打电话流程，练习基本表达，使用文明用语。

使用文明用语的基本流程包括：

（1）使用文明用语问好：“喂，您好”或“爸爸你好”“妈妈你好”……

（2）告知具体事情。

（3）询问对方有无其他事情。

（4）说再见时等待对方先挂电话，然后自己再挂断电话。

教师利用班会课“我会打电话”来练习使用文明用语，给学生们分配不同角色：爸爸、妈妈、老师、爷爷、奶奶……让他们互相模拟打电话，并以此评选出“文明打电话‘小天使’”。我和孩子们说：“打电话时，对方虽然看不见我们，只能听到我们的声音，但是打电话时温柔地说话，使用文明语言，会让对方认为我们是一个‘小天使’。”孩子们很兴奋地投入模拟打电话活动中。学生们拿着电话模型互相打电话，我适时录下来，放到班级大屏幕与大家共同分享。孩子们逐渐掌握了打电话的礼仪，再同家长和老师电话沟通时，他们的语言不再生硬，知道问候对方，知道尊重对方，确确实实成了一位位优秀的电话“小天使”。

二、尝试练习使用微信，使同学之间建立牢固友谊

家长和老师联系最多的是班级微信群，通知和提醒等都会在家长群里下发，家长们也是积极地配合我们工作。可是学生们不清楚班级微信群应该如何使用，要发什么样的内容，有的学生经常往群里发自己的东西，开始只是一张自己的生活美照，有的孩子不会打字，就乱打一阵发上去，××同学甚至把同一张图片发到班级群里五六十次，严重影响了正常工作。为此，我决定教会他们如何发微信，并且建立了学生微信群。

具体做法是：（1）练习发语音。学生识字量不多，只有两名学生识字量大一些，他们还不会拼音，根据这一特点，教师教会他们发语音，用语音在群里聊天。（2）建立自己的学生微信群。同时帮助他们建立自己的学生微信群，让他们在群里尽情聊天。学生微信群的建立，让班级一时热闹起来，他们之间有了联系，友谊就更加深厚了，感情也比以前牢固了，再不会因为小事而吵嘴。（3）在班级微信群里不能随便发一些个人信息，要有保护自己隐私的意识。经过长时间的练习和指导，学生使用微信的能力有很大提高，几个不会发语音的学生也能在家长的协助下发语音，在微信里得到展示、赞赏

和鼓励，心里可美了。

三、尝试拍照片送家人，传情达意增强学生的自信心

学生也愿意用手机拍照，但是他们在拍照的时候手不稳，总是晃动，拍出的照片重复、模糊。于是我们就利用主题教学，教授学生使用微信拍照功能，反复练习拿稳手机、按下拍照按钮、上传照片。为了使学生拍照更简单有趣，我学会了用“乐秀视频”小软件制作小短片，并按步骤教给学生们，当学习能力较强的两个学生学会后，我就鼓励他们在活动中担任小记者，拍下精美瞬间，传到班级群里，同时辅助他们两个做小编辑，从我们班级群里选出照片进行编辑，制成小片，配上文字和音乐，然后传到家长群进行宣传展示。家长们看到学生的精彩活动和灿烂笑容，自尊心、自信心得到了满足，也更加关注班级活动，使家校关系更加和谐。

随着练习的逐渐深入，同学们使用手机越来越熟练，照相的延时拍摄、广角镜头、长镜头都是他们教我的，我们之间真正地实现了教学相长。在外出点餐实践前，需要做外出计划，我们班的学生能够用手机的计算器功能估算本次费用，不至于让有的学生拿的钱不够用，或是有的同学拿过多的钱。同学们还能利用手机查询天气和地图，能够运用地图查出最佳公交车路线……一个小小的手机，为特教学生今后更好地融入社会自主生活奠定了基础。

智力障碍学生知觉能力提升的实践策略研究

张宏巍

一、引言

智力障碍，又称“智力落后”。根据美国智力与发展性障碍协会（AAIDD）于2010年提出的最新定义，智力障碍是指发生在18岁以前，以智力功能（指学习、推理、问题解决等）和适应行为（表现为概念性、社会性和应用性机能）都存在显著限制而表现出的一种障碍。目前，国内将智力障碍分为四个等级：一级为极重度，二级为重度，三级为中度，四级为轻度。每一等级的学生在认知、感知觉、学习和生活自理能力上都呈现出不同的特点。

知觉能力是人类对外界刺激进行接收、辨识、解析、组织和解释的能力，涉及视觉、听觉、触觉、嗅觉和味觉等多种感觉通道。知觉能力作为个体与外界环境进行交互的基础，对于个体认识世界、适应环境至关重要。

对于智力障碍学生而言，知觉能力是他们认识世界、理解事物、进行学习和日常生活活动的基石。然而，已有研究充分表明，相较于普通学生，智力障碍学生在知觉能力方面普遍呈现出较弱的态势。这一现状使得他们在接收和处理信息时面临诸多挑战，这不仅直接影响了他们的学习成效，也制约了他们在日常生活和社交互动中的表现。因此，在明晰智力障碍学生知觉能力特点及其影响因素的基础上，从教学实践出发，为其制定科学、有效的知觉能力提升策略，是助力他们更好地理解和感知周围的事物、适应环境，提升生活自理能力和社交技能，进而提高生活质量的重要途径。

科学有效的知觉能力提升策略离不开教育实践，而课堂教学作为学校教育的主阵地，是开展教育实践的重要途径。然而，目前特殊教育学校传统的课堂教学模式往往难以助力智力障碍学生知觉能力的发展。因此，需要基于现有的课堂教学实践，创新教学思维和组织形式，探索更具有启发式、体验式和多元化的实践策略，以激发智力障碍学生的学习兴趣，使其积极主动参与课堂内容，从而助力知觉能力的提升。

基于此，本研究在深入剖析智力障碍学生知觉能力特点及其影响因素的基础上，结合学生的能力水平和实际需求，提出具有科学性、实效性和针对性的知觉能力提升策略，并重视这些策略在实际操作中的可行性和可持续性，以提升智力障碍学生的知觉能力，助力其全面发展。

二、智力障碍学生知觉能力特点

（一）知觉速度显著迟钝与缓慢

智力障碍学生在感知方面表现出显著的迟钝与缓慢特征。相较于普通学生，他们对周围环境的感知不够敏锐，往往需要更长的时间来对外部信息进行辨识和理解。这种感知速度的降低，不仅体现在他们对声音、光线等物理刺激的响应上，更体现在对语言、社会信号等复杂信息的处理过程中。

（二）知觉范围狭窄

智力障碍学生的感知范围相对狭窄，他们更倾向于关注熟悉的事物和场景，而对于新颖或复杂的刺激，他们会表现出难以适应的特点。这种感知范围的局限性，在一定程度上限制了他们对外部世界的探索和认知。

（三）知觉全面性和精确性差

智力障碍学生在感知过程中，对内容的把握往往显得笼统而不精确。他们对事物的观察和认知往往较为片面和浅显，只能捕捉到事物的表面信息，无法深入挖掘其背后的深层含义和逻辑关系。此外，他们表现出的感知内容的不精确性特点，使得他们在理解和分析问题时存在一定的困难。

三、智力障碍学生知觉能力影响因素

（一）大脑器质性和功能性损伤

在生理层面上，大脑作为信息处理的中心，一旦存在器质性的结构缺陷或功能性的紊乱，会导致信息接收、处理和输出等环节出现障碍，阻碍知觉能力的正常发展。因此，由于智力障碍学生大脑存在器质性和功能性损伤，会影响到其认知能力，更直接关联到其知觉能力的发展。

（二）教育环境和方式

首先，教学方法单一性。目前所采用的教学方法往往缺乏多样性和灵活性，这直接影响了教学质量的提升以及对学生个体需求差异的满足。其次，教育和训练方面缺乏针对性。每个学生的学习特点和需求都是独特的，而单一的教学方法往往无法覆盖所有学生的需求，这在一定程度上限制了他们潜力的发挥，影响他们的知觉能力发展。

（三）家庭和社会支持因素

在家庭因素方面，首先，家长作为孩子成长过程中的重要陪伴者和支持者，对于孩子的知觉能力提升起着至关重要的作用。然而，许多家长对知觉能力提升的重视程度不够，影响家校之间的紧密合作与协调配合，导致了教育资源的浪费和教学效果的降低。其次，家庭氛围营造的力度或重视度不足。积极、理解、支持的家庭氛围，才能为智力障碍学生营造安全的成长环境，激发他们积极尝试和探索的欲望，从而激发知觉能力的发展。在社会支持方面，首先，理解和接纳的社会环境创建方面有待提高。良好的社会环境有助于帮助智力障碍学生建立自信，克服心理障碍，更好地融入社会，进而提升知觉能力。其次，知觉能力提升相关的硬件、软件等社会资源支持力度及完善程度有待进一步提高。

（四）学生自身因素

学生作为学习的主体，其积极性和参与度是提升知觉能力的关键。部分学生由于缺乏学习兴趣和动力，对课堂活动的参与度不高，这不仅影响了他们的学习效果，也阻碍了知觉能力的进一步提升。

四、智力障碍学生知觉能力提升实践策略

（一）多元化教学方法应用与实践

经过教学实践发现，多感官教学法、游戏化教学法和情景模拟法是针对智力障碍学生的有效教学方法。它们通过不同的方式和途径，全面提升学生的学习能力和综合素质，为他们更好地融入社会打下了坚实的基础。在教育实践中，教育者应根据学生的实际情况和需求，灵活运用这些方法，以取得最佳的教学效果。

1. 多感官教学法

多感官教学法的核心在于充分调动学生的视觉、听觉、触觉等多种感官，以增强他们对知识的理解和记忆。该方法巧妙地运用图片、实物、音乐等辅助工具，让学生在直观感知中逐步深化对知识的认识，为智力障碍学生提供了一个综合的学习途径。该方法的优势在于能够弥补智力障碍学生在抽象思维上的不足，帮助他们更好地把握学习内容。

2. 游戏化教学法

游戏化教学法是指将学习任务融入游戏之中，让学生在玩耍的过程中不自觉地掌握知识和技能的一种方法。该方法有助于学生，尤其是智力障碍学生，在轻松愉快的氛围中激发其学习兴趣和积极性，有效降低学习压力，提升学习效率，助力知觉能力训练提升。

3. 情景模拟法

情景模拟法是指为学生创设模拟实际生活的场景，让学生在模拟情境中进行学习和实践，从而提高他们的实际操作能力和解决问题的能力。这种方法不仅有助于智力障碍学生更好地适应社会生活，还能够培养他们的独立思

考和创新能力。

（二）辅助技术手段运用

必要的辅助工具的运用，是提升智力障碍学生知觉能力的关键。要注重根据智力障碍学生的知觉能力特点，选择多种辅助工具。例如，对于视觉感知较弱的学生，放大镜可以帮助他们更清晰地观察学习材料；对于听觉感知较弱的学生，助听器则能有效改善其听觉效果，确保他们能够完整地接收教学信息；而对于触觉敏感的学生，触觉反馈设备能够提供直观的触觉体验，有助于他们加深对知识点的理解。

（三）开展知觉能力提升专项训练

知觉能力专项训练是提升知觉能力的关键途径。例如，在运动知觉方面，可以通过创设情境，以游戏化的方式组织跪行活动，锻炼其骨盆稳定度及身体平衡性，增强动作知觉能力；在视知觉方面，可以通过色彩对比、图形识别等训练方法，增强智力障碍学生对周围环境的视觉感知能力；在听觉感知方面，则可以通过声音辨别、语音理解等专项练习，提升他们的听觉处理能力；在触觉训练方面，通过触摸、感知不同材质和形状的物体，有助于智力障碍学生建立更为丰富的触觉经验，助力知觉能力的提升。

五、结语

在推进特殊教育高质量发展的过程中，提升智力障碍学生知觉能力是促进其全面发展的关键路径之一。要基于智力障碍学生知觉能力速度显著迟钝与缓慢、知觉范围狭窄、知觉全面性和精确性差的特点，对其中的影响因素进行深度剖析，从而使多元化教学策略、辅助技术手段策略、知觉能力专项提升策略等的运用有的放矢，助力智力障碍学生的知觉能力有效提升。

第三章

拓宽“爱慧”育人途径　因材施教助成长

拓展“爱慧”教育新途径　打造“三全育人”新形态

王　雨

2017年8月，教育部颁布的《中小学德育工作指南》提出，中小学德育工作要“努力形成全员育人、全程育人、全方位育人的德育工作格局”。2019年，党的十九届四中全会从制度层面提出“加强和改进学校思想政治教育，建立全员、全程、全方位育人体制机制”的要求。多年来，国家先后出台了一系列促进特殊教育发展的专项政策文件，包括《特殊教育提升计划（2014—2016年）》、《特殊教育提升计划（2017—2020年）》、《中华人民共和国残疾人教育条例（2017修订版）》以及2021年发布的《“十四五”特殊教育发展提升行动计划》等。党和政府明确提出要“办好特殊教育”，强调提升特殊教育的质量。党的二十大进一步提出强化特殊教育普惠发展的要求、再次强调育人的根本在于立德，这为建设现代化的中国特殊教育工作指明了前进方向。特殊学生能够“立德成人”“全面发展”更成为特殊教育高质量发展的核心任务。

新时期，新需求，顺义区特殊教育学校全面贯彻党的教育方针，落实立德树人根本任务，突出五育并举，通过“三全育人”强化特殊学生思政教育效能，凸显学校“爱慧教育”文化内涵，以培养新时期“爱慧”好少年为目标，构建全员、全程、全方位育人大格局，为学生适应新时代发展要求，最终顺利融入社会奠定基础。

一、全员育人，让每一个孩子都站在学校中央

学校遵循“尊重差异，珍视生命”办学理念，建立了“一个中心三条主线”德育网络。“一个中心”即以党支部为核心，成立工作领导小组，党支部书记、校长亲自抓德育。“三条主线”即一是由支委、德育负责人、班主任组成的主线；二是由部门负责人、教研组、科任教师组成的主线；三是由家委会、校外辅导员、实践基地负责人等组成的主线，打造全方位、多层次育人格局。

学校的全员家访工作始于2017年。刚刚调入顺义区特殊教育学校担任党支部书记、校长的李明伟同志高度重视党建与业务的深度融合，以党支部工作为突破口，对在校学生生活和学习现状进行了调研，分析统计出共有30名更加特殊的学生，他们有的家庭生活条件极其困难，有的缺乏有效的家庭康复知识，有的孩子残障程度较重，急需个别化的支持和指导。

鉴于此，学校党支部号召党员发挥模范引领作用，一名党员帮扶一名群众教师，两人共同服务一名困难学生。倡议党员与教师根据自身管理服务的便捷性、教师专业的优势、教师的性格特点进行自主选择，一一配对，对困难学生进行帮扶。

2017年暑假前夕，学校专门为30名党员、30名教师及30名困难生家庭召开“1+1+1”党员教师帮困生项目启动仪式。30名党员结对30名教师，利用暑假中的两天时间，走进了困难生家庭，以此了解学生的基本情况，确定“双帮促优”个别指导方案。

家访活动一经推出，得到了家长的广泛支持。随后，家访扩大至全校学生，全体教师参与，并从暑假延伸到了寒假。

7年来，学校的家访工作周密部署、优化实施、精细化管理促工作提升。全员家访行动让我们向家长伸出温暖的手，也获得信赖，获得尊重。从不了解到熟悉，从不配合到主动沟通，从抵触到大力支持，家校同步实施教育，同步互动学习，同步参与管理。帮助家长全面了解孩子的校园生活，帮

助老师重新定义特殊教育工作的意义，帮助家校促成最深入的教育对话、达成教育共识。家访不仅促进了教师做好特殊儿童个别化教育，也促进了教师提升专业素养，更是学校办好人民满意教育的生动实践。

在 2023 年高温橙色预警的夏日中，连续两天，总行程超过 5000 公里，最远单程超过 30 公里，100% 教师完成走访 100% 学生。2023 年 7 月，《现代教育报》跟访报道，《北京日报》记者主动追访学校的全员家访工作。

二、全程育人，让每一个孩子遇见最好的自己

学校将立德树人贯穿在学生成长的全时段，体现有序递进、年段相异、特色突出的特点，努力打造“一线两翼三支点”育人新形态。

一线：以培育和践行社会主义核心价值观为主线，纵向贯通学前、义教、职教 3 个学段，形成一体化育人目标，横向融通校内校外构建大教育场，在纵向与横向中串联课程、教学、活动，形成丰富的育人载体，促进特殊儿童全面健康适宜发展。

两翼：课程与活动两条途径，双轨并行，延展“两翼”，使“课程推进”与“活动推进”一体化进行。

走过 20 年的发展历程，“爱慧少年”德育课程日趋成熟。指向校本化实施的基础课程，以生活适应学科为统领，学科课程校本化实施；指向个性发展的拓展课程，开发了“人文底蕴、运动健康、科学创新、艺术审美”四大领域的 6 门必修、9 门选修课，满足学生个性发展需求，目前，轮滑、非洲鼓、大鼓、书法、绘画等校本课程已经成为学校特色课程，每学年均取得优异成绩并逐步提升影响力；指向实践创新的综合课程，将德育主题教育、常规教育等与实践活动深度融合，在生活化、体验式的活动中凸显教育意义，张扬生命色彩，设置班队、节日、仪式、非遗、研学 5 个系列，25 门课程。整合学校生活、个人生活、家庭生活、社会生活中的品行、道德、规范、文化、法治、家国元素等，初步构建起一体化实施的德育课程。

三支点：夯实“三支点”养成教育基础工程。学前阶段以“适应”为支

点，规范行为、打好基础、养成习惯；义教阶段以“人格”为支点，关爱生命、健全人格、自主管理；职业阶段以“成年”为支点，强化责任、自立生活、融入社会。

学校各年段教研组人员结构设置是全学科教研组，以 3 月份学校开展的“学习雷锋精神　争做时代接班人”月主题教育为例，学前、义教、职业阶段分段下设年级主题、以分层培养目标确定各年段的实施路径。各年级组协调部署年级、班级、学科内容，梳理本学科育人元素，让月主题、周活动、日落实衔接学生长、短期育人目标，以课程统领、策划、组织、开展，促使全校性的德育活动与各年级组、各班级、各学科当前的课程并行，达到了较好的预期效果。各学科及班级结合学生日常表现进行过程性评价，依托校徽积分评选班级榜样少年，在升旗仪式上进行集中表彰，学雷锋主题教育月活动中，共有 72 人分获班级助人为乐、节能环保、文明礼仪、和谐安全小雷锋的称号。党员带领队员开展的志愿服务活动为文明校园、文明城区创建贡献出积极的力量。

三、全方位育人，为每一个孩子的幸福人生奠基

学校打通校内外、课内外渠道，运用各种教育资源和载体，将育人渗透到学生管理、课堂教学、课题研究、社会实践各方面，指向德、智、体、美、劳全面育人。

（一）注重潜能开发特殊支持

利用结构化视觉提示图，辅助孤独症学生的行为习惯养成。通过助学工具书、成果汇报书、知识系列自制书弥补中重度智力障碍学生读、写与表达的障碍，通过“童谣 + 表演 + 游戏 + 吟诵”助推学生关键能力培养。

（二）发挥仪式教育育人功能

校园仪式是一种文化育人方式，通过仪式，能够让学生在庄重、正式的环境中，感受到自身的责任和学校的宏盛，形成良好的自我认知和学校认同感。顺义区特殊教育学校定期举办开学典礼、毕业典礼、新生入队

仪式、入场仪式、活动启动仪式，体验成长与感恩，强化国家意识和集体观念。

例如，育人案例“一个仪式塑造一个少年”。王同学是中度智力障碍生，2014 年从普校一年级转入顺义区特殊教育学校，2015 年被父亲送至外省全托习武，学校每学年与家长联系，家长均表示孩子在外省，放弃学年助学金申报并办理休学。2020 年，父亲再次为王同学办理入学，就读至今。已经 15 岁的王同学归来，随即成为老师们关注的重点，他是热衷潮白河边野钓的黑小子、公园夜场闭园的最后一波散客，骑辆自行车能出去一整天，走到哪玩到哪……他口中的精彩生活却成了老师家长们的心头病，怕他被拐、怕他被坏人利用、怕他掉河里、怕他发生各种意外……为他量身打造的多次安全班会、多次家校联系，都未能取得积极的成效。入户家访后，老师终于详细了解了王同学的教养环境：爸爸常年外出打工，妈妈也是智力障碍，爷爷纵容不管，奶奶腿脚不好。王同学习武不成归来后，基本上就处于散养状态，身边更没有同龄的伙伴和朋友。王同学身体素质较好、协调性和理解能力较强，他本应成为校内各类社团的红人，却因为怕吃苦、怕出力连续被淘汰。但是每周一的升旗仪式，国旗护卫队的风采展示深深吸引着他。由羡慕到渴望，他想加入的愿望一直未变，鉴于此，班主任与大队辅导员协商，能否用加入国旗护卫队来激励他。第一阶段，巧用升旗仪式，打造班级能量磁场，规范他的行为习惯，要求他在校、在家、在外约束自己的言行，虚心接受同学、班级、学科教师、家长的监督和评价，无论是一个月还是半年，只要连续积分达标，就为他提出申请。王同学最终用三个月的时间获得达标积分并通过面试，正式加入训练。因为珍惜，因为渴望，激励他刻苦训练，走入正轨。第二阶段，活用仪式，发掘个人独特之光。王同学有练武的底子，动作规范、一板一眼，加入国旗队可以激励他优长发展，并由此逐步内强素质、外塑形象，鼓励他做知礼、行礼、懂礼的榜样少年。3 年的成长历练、品行塑造，让他从陪练到成为替补，从替补到正式任命，从护旗手成长为升旗手，从国旗杆下的“C位”少年到校旗执旗手、轮滑社团的尖子生、各学科教师的得力助手、技能展示挑大梁的核心成员，他还参加区各类艺术比赛、登上央视舞台，以仪式赋能，让少年心存希冀，目有繁星；追光而遇，沐光而行。

（三）创新途径涵养爱国情怀

1. 参与视频录制

以学生为主角录制《诚信》校园微电影、《强国少年》快闪作品、“21日美丽行”礼仪视频等，并在全校进行推送。

2. 开发实践课程

学校开发校外社会实践基地课程，固化生活适应、工艺技术、地方特色、爱国主题四大领域，拓展出社区生活、社区安全、艺术休闲、职前技能、风土人情、物产特色、环境保护、爱国教育基地 8 个模块 28 个活动实践主题。

3. 厚植文化底蕴

每日早入校 30 分钟播放爱国歌曲、自编“童心向党”课间操、师生共筹国家庆典、传统节日、纪念日班会和体验活动，把归属感、自豪感种在学生心中。

加大传统文化浸润力度，开展毛猴制作、红木制作、京剧、医药、拓印、糖人等多样传承体验活动，确保文化延续和发展。

凝聚共识，形成共同的价值观，普及开展国家安全日、同心护卫、防溺水、防拐骗等法律法规主题教育、促进社会的和谐稳定，小手拉大手提升社会凝聚力。

4. 家校社共育为成长赋能

学生的成长成才离不开家、校、社的联动共育。当助教、当陪练、当助演、做主讲、做服务、做补位，家长与社会爱心人士组成的志愿服务队为各类活动顺利开展群策群力，为孩子安全保驾护航。

学校贯同学荣获“北京市励志好少年”“顺义区新时代好少年”称号。学校在多项体艺比赛获得嘉奖，70 多人次荣获市区级荣誉证书。“倾听心生”画展在顺义电视台进行宣传报道，今年 10 月，学校《分享蓝天》节目在央视少儿频道进行展演。

未来，顺义区特殊教育学校全体干部教师将继续深耕“爱慧”教育育人理念，坚持立德树人、突出五育并举。用爱心去感化，用智慧去浇灌，聚焦专业育人实效，让优质教育惠及每一名特殊儿童，为特殊教育高质量发展贡献顺义特教力量！

浅谈调动智障队员参与队活动的有效策略

刘　爽

2019 年 10 月 13 日，习近平总书记在致中国少年先锋队建队 70 周年的贺信中指出：“少先队应该是少年儿童学习中国特色社会主义和共产主义的学校，应该是建设社会主义和共产主义的预备队。新时代少先队员要热爱祖国，热爱人民，热爱中国共产党，树立远大理想，培养优良品德，勤奋学习知识，锻炼强健体魄，培养劳动精神，从小学先锋、长大做先锋，努力成长为能够担当民族复兴大任的时代新人！”

作为特殊教育学校的一名少先队辅导员，更是深感重任在肩，因为智障队员由于生理上的缺陷使他们的身心发展受到不同程度的影响。在开展少先队活动时，要采取多种主题、不同形式开展，才能调动智障队员参与少先队活动的兴趣。

智力障碍队员不仅在智力方面比正常队员低，而且还经常伴有不同程度的不良行为习惯：如说谎、胆怯、焦虑、好动、喊叫等。在学校德育工作中，少先队活动是学校教育中的重要组成部分，同时也是学校德育教育的一扇窗口，反映了一个学校少先队员的整体素质。因此，调动智障队员积极参与少先队活动，对于智障队员的健康成长，特别是在行为养成方面有重大意义。

调动智障队员参与队活动有以下策略。

一、常规教育促养成

智障队员因智力存在不同程度的缺陷，对个性发展产生了一定的制约，无法形成正确的道德观念以及是非标准，行为无法受到理性的调节与约束。因此，要将日常的常规活动与教育相结合，强化养成方面的教育。每周的升旗仪式，让平时表现较好且有明显进步的智障学生轮流担任升旗手，同时鼓励其当国旗班的出旗手，以此激励他们更好地制约并规范自身的行为，从而使其爱国情感得到进一步加强。同时，在遇到有关节日或者纪念日时，如在教师节，让队员对辅导员说一句祝福的话语，进而通过这种尊师重教让教育与生活联系在一起，让智障队员不仅可以养成良好的道德行为习惯，同时也让他们的基本能力与技能得到了有效培养。通过这种方式必定能够更好地调动队员们的积极性，使其主动参与到少先队活动中。

二、榜样引领促发展

针对智障队员而言，他们并不具备较强的认知能力，并且头脑当中的表象十分贫乏，致使心理上存在一定缺陷，在发展适应社会的能力方面也受到阻碍。因此，要想对其良好的适应能力进行培养，那么让他们参与少先队活动就是非常好的一种方式。不过，对于智障队员来说，他们大多数不会主动参与此项活动，所以，必须为他们提供更多观察与学习的机会，以使他们头脑中的表象得到一定增加。同时，还需进行正确示范，让他们有更多可以学习与模仿的具体情境，这样将有效调动智障队员的积极性，进而真正让其参与到少先队活动中。由于智障队员分辨能力相对较差，所以，为他们树立榜样非常关键。如若给他们树立正确的典型榜样，那么便能够激励他们变得更加积极。而在这一过程中，应该根据智障队员的自身特征，有针对性地从日常点滴抓起，对于文明礼貌，可以提出“学说一句文明用语”；对于个人卫生，可以提出“每天都需洗澡”；对于课堂常规，可以通过“一二三，坐端正”纠正队员们的坐姿等。按照队员的实际情况，让他们将每一件小事做好，这样他们才会更加乐于接受，进而慢慢养成良好的行为习惯。

三、特色活动促成长

在中队集体生活中，要坚持以少先队员为核心，精心设计和开展丰富多彩的中队活动，使其积极参与少先队活动。

仪式教育。对于刚入学不久的智障队员来说，少先队、红领巾对他们来说都很陌生，随着庄严的入队仪式的举行，少先队辅导员先带领队员认识红领巾，带他们一起唱《少年先锋队队歌》，最后由辅导员为他们佩戴红领巾，教他们敬队礼。在活动中，队员知道自己戴上红领巾就是一名光荣的少先队员了，大大增加了他们的积极性，使其主动参与少先队活动。

守护国旗教育。在“守护国旗”主题队会中，先带队员们认识我们国家的国旗——五星红旗，了解国旗上面五颗五角星代表的含义，然后带他们动手绘制一面五星红旗。在活动中，让队员们知道要尊敬、爱护我们的国旗。在中队活动中，让队员们展示自己的才华，在以后的学习生活中能更加自信，从而调动他们参与中队活动的积极性。

传统节日教育。通过队活动让队员了解节日的来历及意义，做一些具体而有实际意义的事。国庆节到来时，开展“我爱你中国”中队美化活动。母亲节前夕，开展以“感恩母亲”为主题的家务活比赛，队员们在家里帮助爸爸妈妈料理家务、打扫卫生，做力所能及的事情，得到了家长的好评。队员们在活动中感受中华传统文化的魅力，激发热爱祖国、感恩亲人的热情，把理想化为实际行动，养成良好的道德习惯。

光盘行动教育。为了倡导“光盘行动”，开展了“节约粮食，从我做起”主题中队活动。队员们从活动中知道粮食来之不易，要珍惜每一粒粮食，进而评选出中队的“节粮小标兵”，其他队员都会以他为榜样，争做“节粮小标兵”，这样便可以更好地调动他们积极参与少先队活动。

智障队员本身便存在一定的身体缺陷，并且社会适应能力较差。因此，想要调动智障队员积极参与少先队活动，就一定要帮助他们树立自尊、自信与自强的精神，这对智障队员的身心发展起到一定的促进作用，进而使他们通过自身的努力在今后得到很好的发展。

巧用绘本　有效解决学生冲突

张晓文

近年来培智学生障碍程度日趋严重，语言发展的缺陷尤为明显：发音不准、吐字不清，语意不明，无法准确表达内心的情感需求。他们在成长中产生的不良心理与情绪，日积月累，得不到及时的疏导，一旦遇到诱因事件，就会爆发冲突。面对学生之间的攻击性行为，班主任应冷静面对，理智处理。但摆事实、讲道理的说服教育，对于培智学生来说收效甚微。所以，我借助绘本之力巧妙疏导，运用策略有效引导，既解决了冲突，又助力了他们的健康成长。

一、重识自我，不要妒忌

（一）案例叙述

在学校秋季运动会低年级 50 米短跑比赛中，“飞毛腿”暄暄边跑边玩。淼淼快到终点时，她才开始加速……看到淼淼领回冠军的奖品，听到周围家长们的夸赞，暄暄突然跑上前，一把推倒了淼淼，淼淼的手、腿都擦破了皮。

（二）应对策略

1. 巧引家长介入，防止矛盾激化

冲突发生时，双方家长急欲上前解决，但我没有在第一时间让家长们介入，而是迅速扶起淼淼，请淼淼的妈妈和我一起将孩子送到校医务室，消毒、上药。暄暄的爸爸随后也赶来，连声道歉，消退了彼此之间的火药味。

2. 冷处理后巧疏导，活用绘本治妒忌

做错事的暄暄，高昂着头，气哼哼地，我对她进行了“冷处理”。暄暄推人行为的心理内驱力是妒忌，她觉得是淼淼抢走了原本属于她的赞美和荣誉。

（1）发挥绘本“药用价值”，治妒忌。

我指导暄暄看绘本《我不要妒忌》的第4页，呆萌可爱的小动物，与上午类似的故事内容，引起了她的兴趣。我把文字读给她听，告诉她：因为别人比自己好，比自己强，就不开心，乱发脾气，这是妒忌，是不对的。

暄暄看完《我不要妒忌》的绘本视频，我问她：这些让小兔妒忌的事情，你是不是也有与它相同的感受？见她点头，我继续引导：“既然妒忌别人，自己感觉不好受，朋友也会受伤害，那我们就不要它。”暄暄学着我的样子，一遍又一遍地用手从胸口“抓出”妒忌，再远远抛出，反复说着“我不要妒忌”……

（2）自主解决问题，发现优点，赶走妒忌。

暄暄找淼淼道歉，淼淼不理她，她向我求助，我鼓励她自己想办法解决。暄暄走近淼淼给了她一个大大的拥抱，还把自己获得的小香皂送给了她。

我让暄暄看她在运动会上的比赛照片，找出自己的优点。这让暄暄情绪高涨，她发现原来自己投得还挺准、跳得也不错，自信又重新回到了她的脸上。

（三）应对效果

这次冲突后，同学们获得表扬或得到奖励，暄暄都会主动鼓掌，有时还会攥紧小拳头，暗自给自己加油，说上一句：“我会继续努力的！”

二、接纳自我，不怕嘲笑

（一）案例叙述

芸儿总爱躲在教室的角落里，升入四年级后，她开始掉头发，半年后全掉光了。美术课上，她瞥见阳阳在画自己，就撕了画纸，砸在他脸上，阳阳骂她“小秃子”。课下，美术老师刚离开，两个孩子就扭打在了一起。

（二）应对策略

1.“火山”降温，发泄不良情绪

芸儿被我带到了心理治疗室，我抱着她，她开始小声抽泣，继而放声大哭。哭完后，我陪她击打不倒翁沙袋。见她不再像鼓胀的气球，我递给她一张抽纸，让她将纸撕成碎片。

2. 创用绘本，进行自我情绪调节

培智学生的身心缺陷，是他们在成长过程中无法回避的痛苦。面对别人的缺陷，他们需要学会尊重；面对自己的不完美，他们更需要学会接纳。

（1）自编绘本剧，角色表演懂尊重。

我结合冲突事件，以绘本《臭小羊》为故事框架自编了绘本剧《臭阳阳》，让阳阳本色出演那个因时常流口水产生异味而被同学嘲笑的孩子。在无数次的排练中，“臭阳阳”因被同学们嘲笑而异常伤心，他逐渐懂得了嘲笑别人是不对的。阳阳更是深受教育，体会到被别人嘲笑的滋味不好受。

班会上，同学们表演完这个绘本剧，我宣布：以后每周评选一名“尊重他人的礼仪之星”，并颁发奖状。

（2）绘本课《我不怕被嘲笑》，学会接纳自己。

受绘本《我不怕被嘲笑》的启发，我以芸儿被嘲笑后向家人求助继而学会了对付嘲笑的本领为故事内容，做成绘本学习书。绘本课上，我结合图片讲明每一种本领：①勇敢自嘲。②乐观自信。③深呼吸。④避开嘲笑自己的人，主动接近对自己友好的人。随后我组织学生进行情境表演：被人嘲笑，我会这样做！

（三）应对效果

阳阳再也没有取笑芸儿，还给她带来了一顶帽子。芸儿的性格也开朗了起来，开始与同学一起玩耍。

三、友好相处，不要霸凌

（一）案例叙述

课间操排队时，我发现小睿的脖颈、胸口有几道抓痕，深处还见了血珠。我再三询问，小宇才承认是他在厕所抓的，原因是他让小睿如厕，小睿不去，他恼羞成怒，抓伤了小睿，并警告他不许哭，不许告诉老师。

（二）应对策略

1. 多措并举，取得家长的配合与谅解

这次冲突需要家长介入，所以，我把事情的经过及时告知双方的家长，并把小睿的抓痕拍照发给了小宇的妈妈。小宇的妈妈与我达成共识：买些小睿爱吃的零食，提前来校看望孩子。我把小宇妈妈陪小睿吃零食的照片发给了小睿妈妈，并再次表达了歉意。放学后，我请双方家长来到教室，坐下来协商。

2. 深入访谈，拔除“霸凌”的主根

小宇是六年级上学期才由普小转到我们班的，很快就和职业班的学生称兄道弟，并仗着自己个子高的优势，欺负同学，自称是班里的“老大”。家访中，通过与他父母的交谈，我意识到孩子“恃强凌弱”的行为与他的家庭教育有着很大关系。父母长期的打骂教育造成孩子心理的压抑和阴暗，在家处于弱势状态的他更渴望拥有属于自己强势的辖区。我建议父母以朋友的身份和小宇相处，即使犯了错误，也不要伤害他的自尊心，避免直接批评，多引导、少斥责。

3. 带读绘本，不做班上的小霸王

整整一周的绘本课，我请小宇带着大家阅读《班里来了小霸王》。当他读到约翰的种种霸道行为时，同学们有的偷笑，有的暗暗指他。他也有点脸红。周五的绘本课，小宇读完绘本，我把约翰与小朋友发生冲突的图片贴在黑板上，要求同学们前来指一指自己曾做过哪些与约翰相同的事情，小宇来的次数最多，这让他很尴尬，坐立不安。

4. 因势利导，“虎老大”要当“大班长”

小宇的肢体运动与语言沟通能力接近正常儿童，我就发挥他的能力优势，让他担任体育课代表，课前协助老师准备活动器械，课上配合老师做动作示范。随后，我用《小老鼠和大老虎》的绘本引导他与同学友好相处，让他懂得只有平等相待才能获得长久的友情。他一直自封“班长”，我承诺他：只要老师、同学、家长在这个学期表扬你各超过 5 次，就正式任命你为班长。

（三）应对效果

小宇不再欺负同学了。有时，遇到同学被欺负，他还跑来告诉我。自从有了“争当班长”这个努力目标，他积极参与课堂活动，逐渐改变着在同学心目中的形象。

巧妙疏导，有效引导，解决学生之间的冲突，矫正他们不良的情绪和心理。学生在这样冲突解决的过程中，也逐渐认识到了自身的错误和不足，开始修正自己的品行，进行自我的内在养成。培智学生只有在适合的教育中，才能成长为最好的自己，拥有健康阳光的内心世界，那时，他们残缺的生命也将在真善美中绽放出优雅的花朵！

助力成长，与汝同行

姚立娜

《培智学校义务教育课程标准》中明确指出：生活语文课应着眼于学生的生活需要，按照学生的生活经验和生存需要，以生活为核心组织课程内容，注重语文知识与生活的联系，注重倾听与说话和书面语言的结合。

在本教学中，我注意创设情境化、结构化的课堂，引导学生在制作鲜花港游览日记的过程中，不断积累词语，并进行语言表达能力、阅读能力的训练，为他们独立生活、适应社会、融入社会打好基础。

一、教学内容分析

本节课选自本学期的主题“多彩的爱慧故事”下的《春天的诗歌会》中《春天的故事》中的内容。学生在此前已经做完观察日记，对日记的格式有了初步的了解，今天继续用这种图文并茂的方式记录孩子们的春游故事。4月26日全校同学进行了半日的鲜花港游览的社会大课堂活动，参观了樱花大道、幻花湖、大地花海等景点。

本节课是在游览顺义国际鲜花港社会实践活动完成后，开展的学科拓展延伸课堂。这些美丽的景点，对于我们的学生来说，半日的实践活动不能在孩子的头脑和心理产生什么印象，需要前期的知识储备，现场的讲解、收集，后期的梳理、加工，才能把鲜花港中的美丽景色、人文环境刻画在同学们的脑子里。

本节课把鲜花港的游览过程做个梳理，加深同学们对鲜花港各景点的印象，并用图文并茂的方式表现出来，形成自己的游览日记。同时在此过程中对学生的自主选择（照片、最喜欢的景点）、语言表达能力（简单句表达）进行培养。

二、学生分析

本班共 10 名学生，根据学生能力分成两组。

A 组 6 人：仇同学、吴同学、王同学、董同学、刘同学、张同学

参与集体教学活动主动，语言基础较好，能认读生活中常用的词语，能够用简单的语句表达自己的情感和需求，其中刘同学、王同学写字能力较强，能够独立仿写生活中常见的词语。但刘同学、董同学自信心不足，在与人交流时，眼睛不能直视对方，交流声音也较小，教师要及时给予肯定和鼓励。吴同学、仇同学、王同学自制力较差，不会倾听，随意插话，课堂上需要教师多提醒，约束其不当行为。张同学能够跟读数字，但需要他人示范。

B 组 4 人：赵同学、高同学、李同学、王同学

参与集体教学活动被动，课上注意力容易分散。该组学生都有不同程度的语言障碍，高同学、李同学为无语言儿童。赵同学为选择性缄默症。李同学、高同学对视频音响有浓厚兴趣。王同学、李同学、高同学需教师辅助完成教学。

三、教学目标

（1）能认读词语：游览。

（2）能按步骤制作鲜花港游览日记。

（3）能用简单句（什么时间、怎么去、游览了 XXX，最喜欢 XXX）分享鲜花港游览日记。

（4）能在分享游览日记中，感受到分享的快乐。

分组目标：

A 组：

（1）能认读词语：游览。

（2）能按步骤制作鲜花港游览日记。

（3）能用简单句（什么时间、怎么去、游览了 XXX，最喜欢 XXX）分享我的鲜花港游览日记。

（4）能在分享游览日记中，感受到分享的快乐。

B 组：

（1）能指认词语：游览。

（2）能在指导下按步骤制作鲜花港游览日记。

（3）能感受分享的快乐。

四、教学重点难点

教学重点：按步骤制作鲜花港游览日记。

教学难点：用简单句分享鲜花港游览日记。

五、教学环境与教学资源

本班 10 人，根据本节课内容采取环形座位安排，按照学生语言沟通情况分为 AB 两组，同组的学生座位安排在一起，方便组内同学间进行交流。

教学资源：PPT 课件、学生社会大课堂视频、体验模板、学生活动照片、步骤图。

六、教学过程

环节一：情境导入

（1）问题引入。

4 月 26 日，学校将组织鲜花港半日游的社会大课堂，你们高兴吗？

我们到花神广场、大地花海这些美丽的景点去打卡。用一个词语“游览”可以表示。

认读词语：游览

A 组学生独立读；B 组学生指认词语。

（2）出示课题。

教师出示课题《我的鲜花港游览日记》。

学生读课题，指导吴佳城和董牧涵“游览”的发音。

（3）介绍主题位置。

教师结合幻灯片图片介绍：这节课是这学期“多彩的爱慧故事”中第一个主题《春天的诗歌会》中《春天的我》中《我的社会大课堂》的内容。

（4）介绍结构。

教师根据板书介绍本节课的课堂结构：本节课有看视频、看日记、制作日记、乐分享四部分。

设计意图：

（1）从学生的真实活动引入，帮助学生理解词语的意思。

（2）介绍主题位置使学生明确本节课的内容与学期主题网络图的关系。

环节二：看视频回顾情景

（1）播放视频。

①教师提问。

几月几日我们去的鲜花港，这次鲜花港社会大课堂你最喜欢的是哪个景点？

学生带着问题看视频。

教师指名回答问题。

②教师小结。

4 月 26 日，我们坐大巴车去鲜花港进行游览。

设计意图：通过播放教师自制视频把学生带入社会实践活动的情境中，用多媒体帮助学生唤起回忆。

环节三：制作鲜花港游览日记

（1）出示教师的鲜花港游览日记。

教师提问：在日记中你看到了什么？

学生带着问题观察教师的鲜花港游览日记。

教师小结：日记要有时间、出行方式、地点、游览了什么景点，心情怎样等内容。

（2）出示制作体验日记的步骤。

①板书出示步骤：写—贴—选—表。

学生听步骤并读关键字。

②幻灯片出示步骤图。

写姓名、时间、出行方式、地点；贴景点照片；选喜欢的景点；表达心情。

全体学生看步骤图并跟读。

教师指导学生按顺序摆步骤。

③指导学生制作鲜花港游览日记。

A 组学生按步骤图提示独立制作；B 组学生在教师的指导下制作，协同教师指导王雯萱、李子康完成游览日记的制作。

设计意图：

（1）通过出示教师的游览日记，给学生示范日记的整体，让学生有个参考的范本。

（2）通过板书步骤和出示 PPT 步骤图指导学生操作，让学生明确做日记的每一步，掌握自己做日记的技能。

环节四：快乐分享游览日记

（1）学生分享游览日记，选择最喜欢的景点。

学生根据教师点名看自己日记分享，并用笑脸在黑板上选择自己喜欢的景点。

4 月 26 日，我们坐大巴车去鲜花港。我游览了花神广场、樱花大道、大地花海，最喜欢的地方是（　　），我很开心。

（2）统计全班同学选择的最美的景点。

指明统计喜欢每个景点的人数，喜欢人数最多的景点就是全班同学最喜欢的景点。

13 班同学最喜欢的景点是（　　）。

设计意图：

（1）分享自己的游览日记，培养学生有条理说话与认真倾听的能力。

（2）通过分享日记，了解全班同学最喜欢的景点，培养学生的自主选择能力。

环节五：提问小结

（1）教师提问收获。

今天这节课你做了什么？

A 组学生用完整的话回答问题，B 组学生指认自己的日记。

（2）教师小结。

今天我们做了鲜花港游览日记，以后还会参加很多社会实践活动，让我们用这种方法记录下来，并与家长和老师分享吧。

情境教学，让孩子感受爱

刘　旋

情境教学，即在教学过程中，教师有目的地引入或创设具有一定情绪色彩的、以形象为主体的生动具体的场景，以引起学生一定的态度体验，从而帮助学生理解教材，并使学生的心理机能得到发展的教学方法。本节课通过创设观展、神秘之旅的生活情境，让学生在感受父母爱的同时激发爱父母的美好情感，能用多种具体行为方式表达对父母的爱。

本课《我爱爸爸妈妈》是《我和爸爸妈妈》的第二课时，通过视频、图片、学生动手制作并送父母礼物等，激发和培育学生爱父母的美好情感；通过观看照片视频，教导学生知道帮妈妈捶背、择菜，给爸爸倒水、为爸爸拿鞋等简单的事情都是向父母表达爱的具体方式，激发学生为父母承担一些力所能及的事情、爱父母的情感和行为。

通过这节课的学习，学生学会正确称呼家庭主要成员，知道自己与家庭主要成员的关系。在日常生活的细节中，感受父母的关爱，从而提高学生听从父母教导，为父母分担力所能及的日常家务劳动的能力，促进学生孝亲敬长、尊重他人、有感恩之心等人文底蕴、责任担当的核心素养的养成。

一、学情分析

本班共 8 名学生：男生 5 名，女生 3 名；年龄 7—8 岁；3 名孤独症，5

名智力障碍。结合学生能力和学习内容，学生可动态分为 A、B、C 三组。

粗大动作

A 组：博、洋、平、瑞、雲

具备姿势控制与移动的能力，在课堂教学中，能维持双膝跪位进行活动，能跪位移动，平衡协调能力强，能进行姿势的自由转换。

B 组：钰、燃

受肢体障碍的影响，无法长时间维持双膝跪位，能参与跪位移动的活动，平衡协调能力差，进行姿势转换的速度慢。

C 组：昕

无法独自站立或维持平衡；需要完全支撑（腰和胸部）才能跪着；可以自己扶物站一会儿。

认知能力

A 组：博、洋、昕

能进行简单动作的模仿；具备认识生活中常见事物的能力，能从照片中指认熟悉的人——认识爸爸妈妈的照片；能说出日常生活中常见的事物的名称，如花、领带、帽子等。

B 组：平、瑞、雲

在语言提示下，能进行简单动作模仿，能从照片中指认熟悉的人；认识生活中的常见事物并能指认——能指认爸爸妈妈的照片。

C 组：钰、燃

在教师的肢体、言语辅助下才能完成简单动作的模仿；在教师的辅助下才能从照片中指认熟悉的人（爸爸妈妈）、事、物，对日常生活中的人、事、物认识模糊。

上课常规

A 组：博、洋、昕

课上 60% 的时间能够专心听讲，但容易被无关信息干扰，喜欢看图、看视频，能简单描述图片内容。

B 组：平、瑞、雲

注意力维持时间短暂，会通过跑、跳、摇晃脑袋身体等行为寻找感觉刺激，能在教师语言、动作提示下，对图片、视频进行短暂关注。

C 组：钰、燃

注意力维持时间短暂，需要在教师肢体辅助下参与课堂教学活动。

精细动作

A 组：博、洋、平、瑞、雲

能用食指、拇指对捏细小物品；能够打开胶棒盖子；会正确使用 2—4 种文具（胶棒）；双手可以协调配合操作。

B 组：钰、燃

具备使用整个手掌抓物体的能力；无法捏取细小物品；会正确使用一种文具（点画涂鸦笔）；在协助下才能双手协调配合操作。

C 组：昕

只能单手进行操作，具备手掌抓握物体的能力。

语言

A 组：洋、博、昕

在特定情境下，能进行适当的口语表达，能说出类似“我爱妈妈 / 爸爸”的简单句。

B 组：平、瑞、雲

不具备口语表达的能力，能够仿说简单句：“我爱爸爸 / 妈妈”。

C 组：钰、燃

无语言，只能用上肢动作表达需求，能指认爸爸、妈妈的照片，用“拥抱”来表达对父母的爱。

人际互动常规

A 组：博、昕、洋

能够发起主动的人际互动，与老师互动交流。

B 组：平、瑞、雲

不能主动地与人互动交流，在语言、动作与眼神的交流中，有短暂的人际互动。其中瑞、雲，情绪容易波动，容易出现大哭、咬人、抓人等不良行为。

C组：钰、燃

无语言，不能与人沟通交流，但有短暂的眼神动作交流。

物品使用常规：在教师语言、动作辅助下，学生都能将使用的物品（铃鼓、文具）放到指定位置。

二、教学目标（差异性目标）

总目标：

（1）能从多张照片中找出自己与爸爸妈妈的照片，描述照片内容信息。

（2）能够以“跪行、躯干伸直”的姿势参与音乐游戏活动，知道并学会向爸爸妈妈表达爱的具体行为方式，能说出“我爱爸爸 / 妈妈”。

（3）在活动中，感受父母爱的同时激发学生爱父母的美好情感。

分层目标：

A组：

（1）能找出自己与爸爸妈妈的照片，并能描述照片画面的部分内容。

（2）能够以“跪行、躯干伸直”的姿势参与音乐游戏活动，通过装饰照片、送温馨礼物，能说出“我爱爸爸 / 妈妈”。

（3）欣赏自己与爸爸妈妈在一起的照片，感受父母爱的同时激发爱父母的情感。

B组：

（1）能在教师的引导下，找到自己与爸爸妈妈的照片，能发出“ba/ma”等简单音节。

（2）在动作辅助下，能够以“跪行、躯干伸直”的姿势参与音乐游戏活动，通过看照片、点画涂鸦，能模仿照片中学生向父母表达爱的两个具体动作。

（3）感受自己与父母在一起的幸福快乐，初步建立爱父母的意识。

C组：

在教师的肢体辅助下，参与两项课堂教学活动内容。

三、教学重点难点

教学重点：

A 组：知道并学会向父母表达爱的具体行为方式，并能说出“我爱爸爸 / 妈妈”。

B 组：知道向父母表达爱的具体行为方式，并能仿说“我爱爸爸 / 妈妈”。

C 组：通过看照片、视频，了解向父母表达爱的具体行为方式。

教学难点：

A 组：（1）学生能感受到父母对自己的爱；（2）学生能通过语言、行为动作表达对父母的爱。

B 组：学生能用简单句“我爱爸爸 / 妈妈！”表达对父母的爱。

C 组：学生能在老师的帮助下，完成礼物的制作。

四、教学环境与教学资源

教学环境：本班的教学环境大致可以分为集体教学区、个别学习区。月亮桌所在位置是集体教学区，学生在此处进行分组学习。A 组学生具备进入个别学习区完成任务的能力，所以为他们设置了个别学习的空间。

教学资源：学生家庭的照片、教学课件、背景图片、胶棒、点画涂鸦笔。

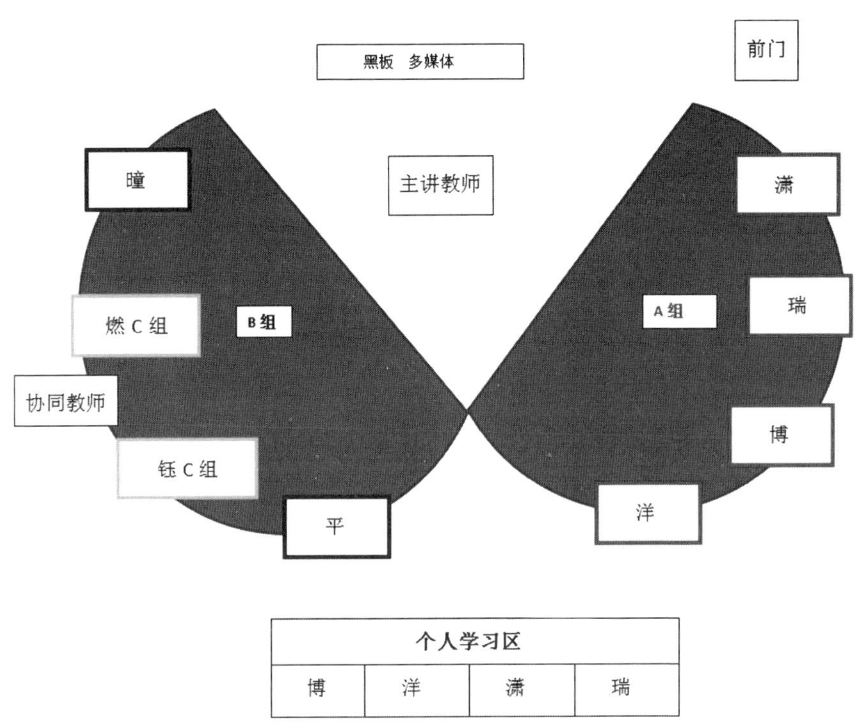

五、教学过程

环节一：情境导入

教师活动：

（1）与学生击掌问好。

（2）语言导入第一项活动：精彩的摄影展。

（3）发放摄影展的入场券。

（4）协同教师检票让学生入场。

（5）语言提示：

找找自己在哪里？

和谁在一起？

在干什么？

你当时的心情怎样？开心幸福——爸爸妈妈好爱你。

协同教师引导B组学生找一找自己与爸爸妈妈的合影，同时维持课堂的良好秩序，协助主讲教师调动学生的视听注意力。

（6）教师提问：你爱爸爸妈妈吗？引导学生说出：爸爸妈妈爱我，我也爱爸爸妈妈。

（7）教师出示课题名称“我爱爸爸妈妈”。

（8）教师提问：我们怎样爱爸爸妈妈呢？

学生活动：

（1）向老师问好。

（2）学生认真倾听观展要求。

（3）手持入场券跟随老师准备入场。

（4）将入场券给老师。

（5）观看照片。

A组：

找到自己的照片，说出照片里有爸爸/妈妈、弟弟/妹妹，描述出画面内容以及自己的心情。

B组：

指一指自己的照片，对应照片喊出：爸爸/妈妈。

C组：跟随教师看照片。

瑞、雲：情绪不稳定，提供图卡安抚情绪。

钰、燃：需要教师引导观展。

设计意图：本环节通过每天例行的常规活动渗透行为纠正，与学生问好，建立上课仪式感，培养学生的有序性，养成良好的学习习惯。通过创设“观展”的活动情境，营造爱的教育氛围。在此基础上，通过观看彩色照片，给予学生视觉刺激，有助于学生注意力的聚焦，为出示课题以及引出下一个活动做准备。

环节二：内容新授

教师活动：

（1）语言引导。

收获满满的爱—踏上神秘之旅—神秘客人带路。

（2）开启神秘之旅。

①播放 PPT，出示小兔子的图片，播放音乐《兔子跳跳》，引导学生边听音乐边拍铃鼓。

播放 PPT，到达第一站——博同学家，出示照片，提问：博同学在做什么呢？为什么他要这样做？

②播放 PPT，出示小猪图片，播放音乐《遛小猪》，引导学生来到第二站——潇同学家，出示照片，提问：潇同学在做什么呢？为什么他要这样做？

③播放 PPT，出示协同教师的照片，老师带我们来到了第三站——洋同学家，出示照片，提问：洋同学在做什么呢？为什么他要这样做？

协同教师辅助 B 组学生参与康复训练活动，在音乐停止之后，引导个别学生坐好观看课件。

（3）重点讲解：

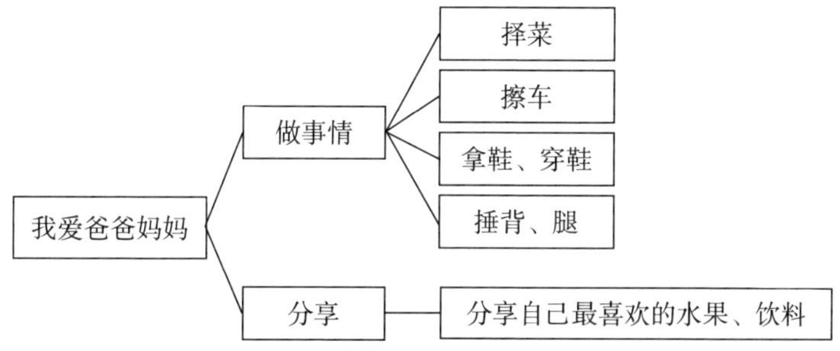

（4）总结：爸爸妈妈很辛苦，我们要为他们做一些简单的事情来表达对他们的爱。

学生活动：

（1）回答教师提问。

3 个神秘的引路者是谁？

（2）神秘之旅。

①学生边听音乐边拍铃鼓，音乐停止，来到第一站——博同学家，能配合教师说出博同学在做什么。

②学生跟随铃鼓声音，进行快走、慢走，音乐停止，到达第二站——潇同学家，能配合教师，回答教师提问。

③学生跟随老师来到第三站——洋同学家，能配合教师说出洋同学在做什么。

（3）倾听教师总结，体会爸爸妈妈很辛苦，我们要为他们干一些简单的事情。

钰：需要辅具（小椅子）支持其高跪姿行走。

雲：需要在铃鼓上粘贴水果图片，使之拍打铃鼓。

设计意图：以趣味教学为互动载体贯彻德育，在落实德育工作的同时加强对小学生的思想引导与情感教育。借助多媒体课件、学生熟悉的小动物（兔子、小猪），带领学生开启神秘之旅，置身情境中，借助音乐教具（铃鼓），带领学生听着音乐拍铃鼓并按照铃鼓不同的声音变换快走、慢走的动作来到 3 个学生的家里。通过出示照片、视频，播放真实情境，引导学生回答教师提问，能跟随老师观看、描述画面内容，知道可以做一些简单的事情来表达对父母的爱，调动学生情感，培养学生感恩意识。

环节三：深化巩固

教师活动：

（1）语言引导，导入下面活动。

教师总结：在家里，我们能为爸爸妈妈做很多事情，在学校我们能做些什么来表达我们对爸爸妈妈的爱呢？

今天，我们就要一起动手制作温馨礼物并将礼物带回家送给爸爸妈妈。

（2）发放任务筐。

（3）引导 A 组学生以跪走的方式进入个别学习区，完成温馨礼物的制作。

（4）协同教师辅助 B 组学生在桌面完成温馨礼物制作。

（5）引导学生拿回礼物，在指定位置坐好。

（6）引导学生双手举起作品进行展示分享。

学生活动：

（1）A 组学生端着自己的任务筐进入个别学习区。

（2）学生动手制作温馨礼物。

A 组：装饰照片。

B 组：装饰照片。

C 组：能在背景图上进行点画涂鸦。

（3）A 组与 B 组学生展示自己的作品，能说出：“我爱爸爸 / 妈妈！”C 组学生在教师肢体辅助下可以双手举起作品。

环节四：总结评价

教师活动：

（1）教师小结：今天我们都很棒，制作的温馨礼物很漂亮，爸爸妈妈一定会喜欢的。老师还为同学们设计了《我爱爸爸妈妈》实践活动。

（2）出示实践活动内容。

（3）组织学生抽奖换取礼物。

学生活动：

（1）安静倾听教师总结评价。

（2）安静倾听实践活动内容及要求。

（3）抽取一张刮刮卡，刮开，兑换相应礼物。

燃、昕、平需要教师辅助进行刮卡。

设计意图：增设动手实践活动，以情境、情感贯彻德育。通过点缀父母的照片，进行背景图的装饰，将自己动手制作的作品拿回家送给父母，也是表达爱父母的一种方式。学生通过展示、分享、介绍，向大家介绍自己的爸爸妈妈，有语言的学生能用句子、短语描述画面内容，表达对父母的爱，将作品带回家，把这份温馨的礼物送父母，让父母也能感受到孩子对他们的爱。

六、巩固练习与拓展学习设计

（关注不同学生的课业、作业练习的内容、形式设计的针对性。）

实践活动：我爱爸爸妈妈

活动内容：向爸爸妈妈表达爱，给爸爸妈妈画幅画、帮助爸爸妈妈做家务劳动、抱抱爸爸妈妈等，并将学生的精彩瞬间分享到班级群里。

A 组：能为爸爸妈妈做力所能及的事情：

爱的奖励板

时间 内容	周一	周二	周三	周四	周五	周六	周日
拥抱爸爸妈妈	👍						
能说出简单句：“我爱爸爸 / 妈妈！”	👍						
做家务劳动（择菜、扫地、洗碗）	👍						

（可以定期更换内容，做到的内容会得到一枚大拇指贴纸。）

B 组：在家长的陪同下，能动手制作一幅爸爸（妈妈）的画像。

C 组：给父母一个拥抱。

实践活动设计的针对性：因此项活动需家长陪同完成，所以在活动完成过程中，能促进亲子间的情感交流，更好地发挥家校协同育人的教育效果。为了提高 A 组学生的劳动能力，帮助学生形成自主能力、体会父母的辛苦，设计了为父母做力所能及的事情的实践活动内容，使用奖励板，鼓励学生多为父母做事情，疼爱自己的父母。为了加深 B 组学生对父母的印象、拉近与父母的距离，设计了亲子制作活动——我眼中的爸爸（妈妈）画像。C 组学生则用拥抱表达对父母的爱。

七、特色教学资源分析、技术手段应用说明

（1）照片、视频：利用学生与爸爸妈妈在一起活动的真实照片、真实视频，调动学生的学习兴趣，提高学生对学习内容的参与感。能将抽象的知识直观化，促进学生对学习内容的感知和理解。

（2）自制温馨礼物：温馨礼物的制作过程，能有效提高学生对所学知识的兴趣，提高学生使用学习用品的视知觉能力、结合作品展示分享的能力。作品的分享过程，能极大地提高学生的成就感，促进学生良好的学习习惯、行为习惯和言语表达能力等综合能力的提升。

（3）任务流程图与强化物巧妙结合，激发学生参与活动的积极性，稳定易怒情绪。本班有 3 名孤独症学生，均无主动语言，为他们提供任务流程图，发挥视觉优势，使其能够依照任务流程图进行动手操作活动，活动完成后给予强化物进行奖励，有助于稳定他们的情绪。

（4）德育渗透无痕。本课在导入环节中营造情景，重视建立良好的亲子关系。充分调动学生内心积蓄和隐埋的情感。架好沟通桥梁，让学生从日常生活中的点点滴滴中感受父母的爱，学会通过语言行为、动作行为表达对父母的爱，感受与父母在一起的快乐，破解非口语信息解读困难、分享情感困难、缺乏互惠行为等障碍，以多样活动形式为学生树立感恩意识，在学习实践中表达孝心，在班本化实施中落实爱慧好少年的培养目标，用爱传递情感价值，弘扬中华优秀传统美德。

八、学习评价设计

（从知识获得、能力提升、学习态度、学习方法、价值观念培育等方面设计过程性评价的内容、方式与工具等；过程性评价要适量、适度，通过对每一名学生的行为表现判断学习目标的达成度。）

（1）评价方式：随堂评价、物质奖励。

课上通过对学生学习活动的观察，掌握学生目标的达成，对学生进行适时的鼓励性评价。

（2）评价内容。

A 组：

目标＼姓名	博	昕	洋
认识家庭主要成员并会正确称呼			
能说出："我爱爸爸/妈妈！"			
活动参与度			
知道向父母表达爱的 2 个具体行为方式			
能根据流程示意图完成温馨礼物制作			

B 组：

目标＼姓名	雲	平	瑞
认识爸爸妈妈的照片并会叫爸爸、妈妈			
活动参与度			
能根据流程示意图完成粘贴等制作			

C 组：

目标＼姓名	钰	燃
指认爸爸妈妈的照片		
活动参与度		
能根据流程示意图完成涂鸦绘画		

评价标准：0—完全不能完成；1—在辅助下可以完成；2—在半辅助下可以完成；3—可以独立完成。

九、教学反思与改进

（教与学的经验性总结，基于学情分析和目标达成度进行对比反思，教学自我评估与改进思路）

本节课忽略了对于 B 组学生语言仿说的训练。本班 B 组学生有语言，在教师引导下，都能进行仿说。平、瑞、雲在教师的语言引导下，能够仿说简单句：我爱爸爸 / 妈妈。但在展示作品环节，教师没有引导他们介绍自己的作品，同时也忽略了对于简单句"我爱爸爸 / 妈妈"的仿说训练，缺乏对学生进行语言仿说的训练。

从校园生活入手，让每个学生有不同收获

殷　争

应用陶行知“生活即教育”思想，以生活之壤滋养德育之根，打造生活德育下的语文教学课堂。强调学生人文素养和道德素养的提高，将语文中的价值观塑造与生活结合起来，激发学生潜能，提高情感体验和主观能动性，塑造和端正学生价值观，助力学生综合发展。

在“核心素养”背景下，坚持立德树人，培育和践行社会主义核心价值观，深刻把握《中小学德育工作指南》阶段德育目标及我校“爱慧好少年”培育目标:“有阳光的微笑、有感恩的爱心、有坚强的自信、有适应的能力”，强调素养导向，重视学生的功能改善，充分利用支持策略满足特殊学习需求，为学生健康发展、融入社会打下基础。

2016 年 12 月，教育部制定的《培智学校义务教育生活语文课程标准（2016 年版）》（以下简称《生活语文课程标准》）中指出，“生活语文课程应着眼于学生的生活需要，按照学生的生活经验和生存需要，以生活为核心组织课程内容，注重语文知识与生活的联系，注重倾听与说话和书面语言学习的结合”，“要关注生活语文课程丰富的人文内涵对学生的影响，重视语文的熏陶、感染作用和正确的价值取向，选择合适的课程内容”。

综上所述，本节课我从学生的日常校园生活入手，把学生带入熟悉的情境中去学习。

一、教学内容分析

本学期依据学生 IEP 及高年级《生活语文课程标准》进行了校本课程的实践与探索，设计的大主题为《校园生活多美好》，本节课选自《我们的校园生活》这个大单元。本单元包括我们的晨间活动、校园里的日常生活、我们的课间操三个主题。本节课为《校园里的日常生活》这个主题下的第 3 课时。第 1 课时为认识表示动作的词语；第 2 课时为学习句式“谁在哪儿干什么”；本节课为第 3 课时，学习句式“有的……有的……还有的……”，并初识短文；第 4 课时将进一步阅读、分析短文。

《生活语文课程标准》中指出，“写话与习作从中年级起步，在教学中要贯彻先说后写的原则，借助范例 (句式) 指导学生写话，从一句到几句，逐步写一段完整的话”。本班为高年级的起始班级，此节课在学生原有仿写一句话的基础上，教学生学写复合句，为之后仿写一段话做准备。

本节课以学生生活为核心，注重语文知识与生活的联系，在学生已有校园生活经验的基础上，让学生在真实发生过的活动中感知语言，发展语言运用能力。关注语文课程丰富的人文内涵对学生的影响，用最真挚的情感表达对学校、班级的热爱。整合学校生活中的品行、道德、规范，强化责任与服务意识，帮助其建立正确的学习观、价值观和生活观。

本节课根据学生个体差异，在教学内容、目标上进行了分层设计，找准学生起点能力，减缓坡度，循序渐进，使每个学生都有不同的收获。

二、学情分析

本班共有学生 10 人，其中智力障碍 3 人、孤独症 4 人、唐氏综合征 1 人、脑瘫 2 人。结合学生情况分析如下：

残疾程度及类型：崔为轻度智力障碍；王为中度智力障碍；程、丁、商为孤独症，中度智力障碍；刘为唐氏综合征。汪为重度智力障碍；芯为孤独症，重度智力障碍；葛、胡为脑瘫。

认知：

A 组（崔、商、程、丁）：能理解简单的规则和要求，对生活中常见的事物有一定的认知，能模仿步骤依序独立进行操作。

B 组（刘、王、汪）：能在提示下理解简单规则和要求，对生活中常见的事物有简单的认知，能在提示下模仿步骤进行操作。

C 组（芯、葛、胡）：对规则和要求理解困难，对生活中常见的事物有简单的认知，能在协助下模仿简单的操作步骤。

语言：

A 组（崔、程、丁）：能理解常用的语言，能进行简单的语言表达，能说常用词语和简单的句子，能抄写简单汉字。

B 组（商、刘、王）：能理解简单的语言，能说常用词语，需在提示下才能说出简单句子。他们能描写简单汉字。

C 组（汪、芯、葛、胡）：对语言理解能力差，汪能说词语，但声音极小，吐字不清。芯经常自言自语，说一些与课堂无关的话，葛、胡无语言，他们不会书写和描写汉字。

人际互动：

A 组（崔、商、刘、王）：能听懂老师的指令，能与他人进行简单的语言互动，表达自己的想法。能集中注意力听讲。

B 组（程、丁）：能与他人进行简单的语言互动，但易受情绪影响或外界干扰，注意力不集中，需要及时提醒才能进行课堂活动。

C 组（汪、芯、葛、胡）：能听懂简单的指令，能在辅助下与人进行动作的互动，注意力只能短暂集中。

三、教学目标

（1）能认读重点词语“浇花”“擦长椅”“擦护栏”等。

（2）能根据校园生活照片，用“有的……有的……还有的……”说一句话。

（3）能朗读短文中的重点句，理解重点句的意思。

（4）增强在校园中主动为老师同学服务的意识，增进热爱校园生活的情感。

分组目标：

A组：能达成全部教学目标。

B组：

（1）能跟读或指认重点词语“浇花”“擦长椅”“擦护栏”等。

（2）能在指导下说句子“有的……有的……还有的……”。

（3）能认真听短文内容，感知重点句的意思。

（4）初步具有在校园中为老师同学服务的意识，增进热爱校园生活的情感。

C组：

（1）能在辅助下指认重点词语“浇花”“擦长椅”“擦护栏”等。

（2）能在辅助下用词语卡片补充句子“有的……有的……还有的……”。

（3）能认真听短文内容。

（4）感受校园生活的美好，培养热爱校园的情感。

四、教学重点难点

教学重点：

A组：能用“有的……有的……还有的……”说一句话。

B组：能在指导下说句子“有的……有的……还有的……”。

C组：能在辅助下用词语卡片补充句子“有的……有的……还有的……”。

教学难点：说完整的句子

五、教学环境与教学资源

本班 10 人，根据本科教学内容采取环形座位安排，按照学生语言沟通情况分为 ABC 三组，同组的学生座位安排在一起，方便协同教师对有困难的学生进行辅助；协同老师坐在 B、C 组学生旁边，主要承担辅助学生完成任务的职责。

教学资源：PPT 课件、视频、学生任务单、语音沟通板。

六、教学过程

环节一：视频导入

（1）揭示课题：校园里的一天。

一名学生读课题，其他学生静听。

（2）美好的一天从清晨开始，请大家欣赏我们校园里美好的清晨时光。

教师播放视频：《校园的清晨》，学生观看。

设计意图：通过让学生观看《校园里的清晨》，学生们在服务岗劳动的景象，引导学生留意观察身边的人、事、物，激发学生的兴趣，渗透服务意识，营造和谐的氛围，激发学生热爱校园生活的情感。

环节二：复习词句

（1）教师出示早晨学生在服务岗劳动的照片。

提问：这些同学在干什么？用表示动作的词语回答。

学生看图回答问题。

（2）出示词卡：浇花、擦长椅、擦护栏。

学生根据教师点名读词语，并将词语卡片贴在黑板上。协同教师指导 C 组学生贴卡片。

（3）引导学生继续观察擦长椅、擦护栏、浇花的照片。

提问：谁在哪儿干什么？用完整的句子回答。

学生根据教师点名用完整的句子回答问题。

设计意图：引导学生复习学过的词句，为下面新句式的学习做好准备。在积累素材的同时引导学生用心体会身边实际发生的点滴事件，弘扬劳动精神和服务意识。

环节三：学习新知

（1）学习新句式。

①引出新句式：上面这三个句子表达的都是早晨同学们在校园里劳动的场面，我们可以把他们合并成一句话来表达。

出示句子：同学们在校园里劳动，有的浇花，有的擦长椅，还有的擦护栏。

②强调：像这样在同一时间、同一地点进行的三个活动，可以用“有的……有的……还有的……”这个句式来表达，这样表达既简洁又生动。

说明：句子中，三个表示动作的词语不分先后顺序。

学生根据教师点名读句子，并到黑板上补充句子，其他学生观看。

师：早晨，承担服务岗的同学都在为我们的校园奉献着自己的一份力量。你想对他们说什么呢？

根据教师点名（A 或 B 组学生），在引导下说出：你们真棒，我要向你们学习。

（2）仿说句子。

①出示课间活动时的照片：分别出示学生拍球、扔沙包、踢毽子的照片。

②提问：同学们在教室外干什么？请把下面的句子补充完整。

同学们在教室外活动，大家有的______，有的______，还有的______。

学生根据教师点名补充句子，再读一读句子。协同教师辅助无语言学生使用语音沟通板。

③请你把任务单上的句子补充完整。

学生在任务单上粘贴词语卡片。

（3）仿写句子。

①出示上课时学生学习的照片。

提出要求：把句子补充完整。

②发放任务单。

同学们在教室里学习，有的______，有的______，还有的______。

A 组学生抄写，B 组学生描写，C 组学生粘贴词语卡片。

③请学生读任务单上的句子。

学生根据教师点名读任务单上的句子。协同教师辅助无语言学生使用语音沟通板。

设计意图：通过复习学过的句式引入新句式，在学习句子—仿说句子—仿写句子的过程中掌握新句式，引导学生在现有生活经验中进行听说读写句子的练习，获得生活所需的基本语文素养。构建德育写作情境，调动学生的思想和情感经验，让他们把对生活的感悟抒发到实际的写作作品中，提升写作积极性。落实“立德树人”理念，增强学生服务意识，感受勤奋乐学、热心服务、和谐友爱的校园生活氛围。

环节四：拓展学习

（1）教师范读短文。

①老师用今天学的几个句子写了一个短文（见附件），请大家欣赏。

②大家边听边找短文中用“有的……有的……还有的……”描写的句子。

（2）简析重点句。

①指名读第一个重点句。

学生根据教师点名在大屏幕上找、读句子，其他学生在阅读材料上找句子。

师：这是描写同学们在服务岗劳动的场面，每天早晨，承担服务岗的同学们都在默默地服务着，奉献着，这种乐于服务的精神值得每位同学学习。

教师粘贴词语“乐服务”，学生根据教师点名读词语“乐服务”。

②指名读第二个重点句。

学生根据教师点名在大屏幕上找、读句子，其他学生在阅读材料上找句子。

提问：这是描写同学们认真学习的句子，你想怎样夸夸同学们呢?

学生在教师引导下说出：我们都是爱学习的好学生。教师粘贴词语：爱学习。

师：希望大家能持之以恒，把这种认真的学习态度长久地坚持下去。

③指名读第三个重点句。

学生根据教师点名在大屏幕上找、读句子，其他学生在阅读材料上找句子。

师：这是描写同学们课间活动的句子。大家在活动时不争吵、不打闹，有序地进行活动，同学之间和睦相处、团结友爱。

教师粘贴词语“讲友爱”，学生根据教师点名读词语“讲友爱”。

设计意图：通过让学生在短文中找、读重点句，加深学生对新句式的掌握，感受到句式在文中的重要作用。短文中成语的运用不但增加了文学色彩，对学生进行了文学的浸润，而且在具体的情境中帮助学生初步认识了文中的成语。同时我注意从学生生活实际出发，将校园中的现实经验作为德育起点，强调了身体、心智与环境的交互作用，引导学生在阅读和分析以校园生活为素材的短文的过程中提炼有效信息，促使他们受到优良道德品质的影响，增强写作欲望。通过价值观塑造与写作主题的有机结合，实现写作教学与立德树人的同向同行。

环节五：总结评价

（1）提问：本节课你学到了什么？学生根据教师点名回答问题。

（2）组织学生自评：请你对自己今天的表现做一个评价。

学生选择“我真棒”“我进步了”“我要加油”中的一个评价卡片，贴在评价板上。

（3）教师对学生评价。

设计意图：培养学生表达能力以及评价的意识和能力，提高学生自信心。

七、特色教学资源分析、技术手段应用说明

（一）注重提高学生的语文素养。

本节课将听说读写贯穿一体。首先运用学过的句式巧妙引入新句式，使学生感受到在何种情况下可以使用所学的新句式，并了解使用新句式的好处。在学习新句式的过程中，通过学习讲解——仿说句子——仿写句子，逐步引导学生掌握所学句式。在最后的短文赏析环节，让学生在短文中找、读重点句，让学生在复习的同时，感受到句式在文中的重要作用。同时，通过欣赏短文，在复习所学句子的同时感知文中的新词句，感受语言的魅力，进一步提高学生的语文素养。

（二）注意关注学生差异，根据能力情况为学生提供支持

在读句子时，为不会读的学生准备了语音沟通板，让他们使用，使其从中感受到成功的喜悦。在仿写句子的环节，根据学生的能力情况，设计了抄写、描写、粘贴三种不同的任务；在简析短文的环节，设计了两种辅助学生阅读的材料，为识字量较大的学生准备的阅读材料上用红色字体进行提示，突出重点句；为识字量少或不识字的学生准备的阅读材料上用图片与红色字体结合进行提示，为他们的学习提供支持。

（三）注重写作教学与立德树人的同向同行

本节课以核心素养培养为主线，学校德育育人目标班本化落实，凸显核心素养的培育成效。根据主题创设与之相关的德育写作情境，从学生的日常校园生活入手，把学生带入熟悉的情境中去学习，弘扬劳动精神，营造勤奋乐学、热心服务、和谐友爱的校园生活氛围，使学生进一步感受校园生活的美好，热爱生活。深化学生的情感体验，激发学习欲望，引导他们将学习的热情和对生活的感悟抒发到实际的写作中，使学生形成正确的价值观和积极的人生态度。

附件

校园里的一天

我们的校园生活丰富多彩。

早晨，同学们陆续来到学校门口，广播里悦耳的歌声伴我们走进学校，开始了我们一天的校园生活。

走进校园，同学们就到服务岗开始劳动了。大家有的浇花，有的擦长椅，还有的擦护栏，干得非常认真！大家都在为爱慧校园无私奉献着自己的一份力量。

上课的铃声响了，老师讲得绘声绘色，同学们学得认真，积极完成老师布置的学习任务。大家有的写字，有的涂色，还有的看书，专心致志学习的样子真可爱！

下课了，同学们迅速走出教室，外面立刻热闹起来。大家有的拍球，有的扔沙包，还有的踢毽子，玩得真高兴呀！

校园里的生活真丰富啊！我爱我的学校，我爱我的老师和同学们！

“动”起来的自信

李欣曈

初见跃跃是在本学年初新组建的班级里，他坐在自己的位置上安静地完成贴纸画，动作慢慢的，那个场景给我留下了深刻的印象。在与班主任初次沟通时，得知跃跃是一名中度智力障碍儿童且由爸爸独自抚养，所以他常常表现出不自信，在班级内很少会主动表达自己的需求，喜欢独处。

一、案例描述

通过几节课的相互了解，我发现跃跃的情绪稳定且感知觉能力、粗大动作能力、精细动作能力均较好，咬字发音清晰，但主动语言很少，做回应时也常常是低着头的。面对新任务时，他会先“按兵不动”，在得到他人提醒、帮助后才愿意开始尝试。过程中，他也会时不时地看老师的反应，得到肯定后再继续，课堂参与度较低，急需建立自信心。

二、策略实施

（一）共读绘本找优势

针对跃跃的情况，我首先想到利用他擅长的视觉和听觉来上一节绘本课，帮助他感知到自己的优势，让他意识到自己也是一个很棒的孩子。于是，我和跃跃一起阅读了《最最奇妙的鸡蛋》这个绘本故事，故事尾声，我问他："你觉得哪个鸡蛋最好看呢？"他盯着书中那三个不同样子的鸡蛋反复看，没回答我的问题。"这三个蛋，一个完美，一个形体大，一个方得出奇。每个蛋都是很奇妙的，连国王都选不出来呢！所以我们每个人也都不一样，都有最独特的、最棒的地方。"看着他迷茫的样子，我接着道，"听说你动手操作能力特别棒，这里有一幅贴纸画，你可以完成吗？"他点点头，接过材料开始做起来。下课前，跃跃拿着他的作品给我看，我边看边感叹道："小船被你贴得真漂亮，老师发现你的优点就是动手操作呢！看来你也是个棒棒的小朋友！"跃跃举着作品笑得很开心，反复摆弄观看。在那之后的课堂上，只要听到有动手操作的活动，他就会不自觉地挺直背，很是期待。

（二）听指令动起来

对于跃跃来说，认知中的"按兵不动"行为发生次数很是频繁。在认识数字 5 这一节课上，跃跃面对"圈出图中数字 5"的新指令，只是轻轻扫了一眼题目便将目光移开了。"跃跃一定可以完成的！"往常情况下，得到肯定后的跃跃就愿意开始尝试了，但是这次他还是没有接过我递出的笔。这时，我意识到单纯的言语激励可能没有效果了！思虑片刻，我决定进行任务的调换，利用他粗大动作的优势，完成数字的巩固任务，增强课堂参与度。于是，我带着他走到教室的活动区域，并提出活动要求："请你仔细听老师的口令并正确做出动作，要边做边数。"他低着的头稍稍点了点，我便拍拍他的肩膀，"你一定可以，我们一起给自己鼓鼓劲吧，我是最棒的。"他用小小的声音附和了我。"请你双脚跳 5 下。"跃跃看着我抬起了双脚，我朝他点点头。5 下落定，我高兴地和他击掌，并告诉他完成得很标准，要相信自己！"再给自己鼓鼓劲吧！"这次他的声音明显大了许多。跃跃对我的指令完成得越来越好，鼓劲的声音也越来越大。所有指令完成后，他先是主动走到我面前和我击了个掌，然后，一蹦一跳地回到自己的座位，坐得笔直，那神态相当自信。后半段课堂时间里，"按兵不动"的样子竟再也没有出现过了。

三、教学反思

对智力障碍学生自信心的培养不是一蹴而就的，在日后的教育教学工作中我将持续引导，设计形式多样的感知觉活动，帮助跃跃动起来、美起来、自信起来。此外，短短的课堂时间还不足以帮助跃跃建立起强大的自信，还需要加强家校沟通，指导家长多关注学生，多给孩子鼓励、表扬，让他感觉到被人赏识、尊重的快乐，在自信中走向幸福的生活！

藏在“热闹”后的“安静”

高艺洵

一、案例背景

小九是一位“热闹”的姑娘。在精神、智力上存在障碍，长期服药治疗癫痫，近期药量增加，同时增加中医针灸治疗。她有一定的表达能力，能与老师同学进行简单交流，但被批评后会一言不发，严重时会大声哭闹，有时一周 5 天中 3 天都会如此。在家中由于性格倔强，得不到满足时会大声哭闹，家长时常批评，父亲偶尔打骂。

二、案例描述

（一）“热闹”的小九

一次课间操，我提醒小九将帽子摘下来准备跑操，她没任何动作。我语气严肃再次提示后，她便开始坐在地上大哭。

我调整情绪，语气缓和地轻声哄着，小九依旧大哭不止。有其他老师上前关心询问时，她的哭声则更为响亮，甚至躺在地上。

将她转移到空教室后，哭声丝毫未减轻。我建议其他老师先离开，减少对小九的关注，不一会儿，哭声渐小。我走到小九身边，抱了抱她，让她自己擦眼泪。接着表扬她眼泪擦得干净，给予一定的社会性强化物。

哭声终于平息。

（二）逐渐“安静”的小九

于是，我开始观察记录小九情绪爆发的各项内容，对她进行行为功能分析：生理上，可能与癫痫药量增加有关，药物控制其脑部神经递质不能很好抑制某些不良情绪。心理上，教师的批评或严厉语气是诱发情绪的原因；家庭中父亲有时严厉的语气，甚至打骂的行为，也会对她产生影响。因此，分析得出小九出现情绪问题的主要原因是想引起教师或家长的重点关注，以获得安抚等心理关爱，进而得到正向的语言或实物鼓励。

接着，我开始以正向的表扬、鼓励为主，减少批评的语气。在小九出现正确行为时，呼吁全班一起为她鼓掌或给予拥抱，适当地对她增加实物奖励，给予社会性强化物。

渐渐地，小九“哭闹”的次数逐渐减少，“热闹”的小九“安静”啦！

三、案例分析

（一）功能分析　对症下药

在小九的事件中，我首先通过观察、记录三周内她情绪爆发的时间、场景、频率和具体表现等，进行行为功能分析，找到小九的“前因环境、导致的行为、得到的后果”，进而才能选择有效的干预策略，“对症下药”。

（二）前事干预　初步奏效

结合小九的具体情况及班级环境，我采取了前事干预策略，改变社会性环境，即教师、家长与学生的关系及态度。用正向、关爱的态度，满足其想要获得关注的愿望，从问题行为根源进行干预。主要方式为：调整教师的语言、语气，以正向语言为主，及时肯定；建议家长减少打骂的次数，以鼓励安抚性语言为主，加强学生的心理安全感。

（三）后果强化　逐显成效

除了针对前事进行干预，还对小九的行为后果进行了干预。每当她完成一个活动或出现正确行为时，都会获得社会性强化物，如教师的表扬、同学的掌声等，满足她想要获得关注的需求。同时告诉她得到强化物的原因，强化正确行为。

四、案例效果

通过对小九开展了有效的行为功能分析，发现原因、找到策略，并结合家校协同的沟通，小九的问题行为有了很大的改善，两周内出现问题行为的次数几乎为零，还会主动帮老师、同学做力所能及的事情，如课后擦黑板、推餐车等。但在实施过程中也发现，若小九因事一段时间未到校后，返校后问题行为会稍有反复，因此还需进一步强化家校协同交流，调整干预措施，进而能够更为有效地改善问题行为。

动起来的课堂

王菊红

一、案例背景

对于培智学校中重度问题学生的课堂教学，我们经常感受到有些孩子只愿做自己想做的事，不理会环境中的信息与自己的关系，如果勉强他们参与还会引来情绪的反弹，可能会哭闹、逃避，影响自己或同学。究其原因是知觉与动作功能不足的特质引起的。以“知觉—动作”为核心的学习适应课程是从儿童的整体发展出发，突出知觉、动作的基础意义，并以此为关键点，力图用有效的技术、方法、策略经知觉—动作的强化训练、学习，让无法参与学习活动、无法理解学习问题的学生进入学习适应状态。

二、实施过程

怎样让学生从进教室的那一刻起就能用以知觉—动作为核心的概念发展顺序组织设计活动呢？

（一）一日常规任务动起来

学生从进入教室门开始，就要为他们建立良好的学习和生活习惯，尤其是帮助孤独症学生了解和预知活动和事件，使他们增加安全感，减少不安和焦虑。

“曹同学，你来晚了，今天的水你还没打。”“李同学，你擦完黑板，任务单还没有摘下来放到完成的栏里。”听着同学们之间的互相提示，同时又不忘自己的任务，我心里着实欢喜。一段时间的结构化视觉提示任务单的“自我管理”模式，让班级同学从早晨到校一直到放学做事都井然有序。孩子们按照任务单的提示完成自己在班级中的一日班级任务。从早晨到校的班级责任岗到课间的饮水、如厕、取餐、收拾餐具、打扫，到放学后的桌椅摆放，每个人都有一张视觉提示任务单。教师按照任务单的内容，引导学生完成一切事宜，还帮助学生有条不紊地进行活动，这不仅加强了学生的责任感，还使其养成自我管理的独立性格和良好的生活、学习习惯。

（二）课堂设计内容动起来

1. 圆圈时间动起来

“一二三四五六七八，二二三四五六七八。”课堂中响起了洪亮的口令声，这就是我们的圆圈时间。每一次课的圆圈活动，我都会依据凯伯的知觉—动作论而设计。活动中，采用集体参与活动的形式，操作的顺序由躯干到四肢，由粗大到精细，加以音乐、童谣辅助，目的是稳定学生情绪，让学生尽快进入学习模式。同时我会将相同知觉—动作能力的学生进行同质性分组，根据我班学生在知觉—动作这方面的现状，分为 A、B、C 三组，我还自编了既能让学生快速进入学习状态又能有康复效果同时还具有认知学习效用的康复操，其中包括了大动作的伸臂、点头、拍手，精细动作 1—10 的手指操。在满足不同组别需求的同时，为学生在课堂中提供了更好的康复途径。

2. 课堂教学内容动起来

凯伯等人的知觉动作发展序阶提示我们特教老师的教学，尤其是有关概念性教材的学习，都能依照学生的知觉—动作的功能逐步呈现，就比较能让学生有感觉，易理解。

“曹同学，你喜欢图表中的哪一种玩具？”他指着统计表中汽车的图片说“喜欢汽车”。崔同学将手中的调查问卷中的汽车压图让他摘下来放到象形统计图中，之后我拿起笔进行统计图的数据整理。这就是“我喜欢的玩具”一课中的一个小小的环节。

在这节课中，我设计不同的情境与活动任务并准备了很多的教学材料，让他们通过密集的动手操作，如伸手、摸、握、拿、放、拉等动作操作，启动学生的感觉输入，感觉鲜明了，就会在动作中得到回馈，形成知觉、记忆。通过搜集调查、整理资料、统计资料三个环节，每个环节中根据孩子的能力设计不同的动手操作部分，A组通过调查进行粘贴、书写，则是包括了抠、撕、拿、按、捏、卷、撑、扭、伸等动作的训练；B组的粘贴包括抠、撕、拿、按等康复动作训练。在课堂教学活动中，通过每天的知—动操，我班学生A组可以达到知觉概念阶段，B组达到知觉动作阶段。保证了每组学生都能在课堂中听懂、学会。

三、实施后效果

以知觉—动作为核心的学习适应课程，为我的班级管理以及教学思路打开了一道智慧的大门。

（1）帮助学生建立基本的学习能力，促进今后的学习生活。

（2）帮助学生建立自我管理模式，改变了学生我行我素的现状。让我的班级日常工作更加得心应手。

（3）找到好的教学策略方法，教学活动自然有趣、丰富多元，帮助班级学生参与到课堂活动中。

我们的学生对教育的需求是多元化的，我将知觉—动作的理论在我的教学中进行实践，成为学习有困难学生教学中的主要策略，让学生在课堂中真正做到听懂、学会。

“发芽”三部曲，孤独症学生乐在学中

——以“植物发芽了”教学活动为例

侯文勇

“培智学校生活语文课标”中倡导感知、体验、参与的学习方式，重视学生的需要，注重潜能开发与功能改善相结合。在“植物发芽了”主题教学中，“发芽”三部曲能够促进学生体验、理解，融入康复训练，效果良好。

一、背景介绍

我班有 10 名学生，孤独症 5 人、多重障碍 2 人、智力障碍 3 人。10 名学生中有语言能力的为 4 人，3 人理解较好，其他学生普遍困难。课堂上学生兴趣低下，注意力涣散，我通过“发芽”三部曲来实施教学，激发学生兴趣，使其乐在学中。

二、情境描述

（一）“发芽”初体验

上课后，通过提问“春天到了，你们知道植物发芽的样子吗？”引发学生思考。当我播放植物发芽视频时，他们睁大眼睛，聚精会神地看着。小小的种子冒出嫩芽，努力生长，顶出地面时，他们的眼里充满了浓浓的兴趣，发出“哇！”的惊叹。森森这个孤独症男孩也专注地盯着画面，眼里闪现出疑惑。通过观看发芽的视频，学生直观感受到了“发芽”的样子，初步理解了“发芽”的含义。在此基础上，再抛出问题“它们是怎样发芽的？”“你能学学看吗？”诱发动机，促使其深入思考。

（二）“发芽”游戏

我设计了用身体动作表现发芽的游戏活动。让学生通过自己的感受、想象，用身体来表现发芽。一组学生能力强，如小雨，一边嘴里念着“发芽”一边从蹲下的姿势慢慢地站起来。二组学生独立模仿发芽有些困难，需要语言或动作辅助。我对森森说：“蹲下来，慢慢起来，发芽了。”森森跟随指令表演，虽然动作较快，也能感受到参与的快乐。为了更加深刻地体验发芽，我变化游戏形式，2 或 3 人来表演发芽，一人或两人扮演土地，一人扮演种子，扮演“土地”的人用手掌用力按压“小种子”的头、肩部，“小种子”慢慢钻出来。在游戏中，学生乐在其中，对发芽的理解越来越深入，从直观感受到亲身体验发芽，思维、动作都得到了发展。尤其 2 或 3 人的“发芽”游戏活动，有融合有对抗，促进身体灵活性、移动力的发展，对本体感的输入也有作用。“发芽”游戏将学习与知动训练完美结合，不仅学到了知识，又促进了身体发展，体现了潜能开发与功能结合。

（三）“发芽”巧创造

在后续环节中，通过认知、粘贴、配对发芽图片来巩固对发芽的认知，进行个人学习任务，制作发芽的柳树。学生自由选择嫩绿、浅绿的彩泥，揉捏成细小的长条或圆球，按压在柳枝上。在制作过程中，锻炼手部精细动作能力，深入感受“芽”小小的，嫩嫩的。森森用手掌揉搓，将彩泥揉搓成中间圆两头尖的“柳芽”，再将揉搓好的“柳芽”粘贴，在制作中感受快乐。

三、教学反思

生活语文的教学内容要贴近学生的实际生活，激发生活经验或需要。以植物发芽为契机，从视觉初步感知、游戏深入体验到创作柳芽，搭建孤独症学生展现的舞台，依据视听优势通道开展教学，将认知与康复训练巧妙融入，起到了事半功倍的效果。在丰富的感官体验和多样化的活动中，促使学生爱学、乐学，能动发展。

关注表达，感受春天之美

——制作《绝句》诗配画作品

武红静

一、背景分析

《培智学校义务教育课程标准》中指出，应加强学生与生活环境和生活过程的联系，体现信息技术课程的实践性和实用性，帮助学生解决在生活中遇到的具体问题。在春暖花开之际，教学绘图软件内容时，我与语文学科整合设计主题活动“古诗赏析——制作诗配画作品”。学生通过作品、语言进行输出表达，感受春天之美。

二、案例描述

诗人杜甫的《绝句》:“迟日江山丽，春风花草香。泥融飞燕子，沙暖睡鸳鸯。”以“迟日”领起全篇，突出了春天日光和煦、万物欣欣向荣的特点，构成一幅明丽和谐的春色图。我以此诗为创作背景，引导学生感受校园、古诗、教师作品里表达的春天的美，通过“视觉提示”“结构化教学”等康复手段引导学生完成诗配画作品，并在展示评价中培养学生的语言表达能力。

片段：学生分享展示作品，感受春天之美。

师：同学们，我们感受了校园里的春天，感受了古诗里的春天，谁能给大家展示一下你作品里的春天？（广播软件展示学生作品）

A组学生1：我画了太阳、柳条、小河、草地、花草，还画了一个沙坑。

师：你的作品上还有什么？

A组学生1：是小燕子和鸳鸯，我贴上去的。

师：同学们，你们觉得他的作品好不好？

生：好。和诗里写的一样。

师：对，他的作品内容丰富，你们觉得怎么样啊？

生1：美。

生2：挺好的，春天很美丽。

师：张同学（B组学生），给大家看看你的作品。

张同学展示纸质版作品。

师：你们觉得张同学的作品怎么样？

生：他粘贴的太阳位置对了。

生：他还粘贴了花草，挺好看的。

师：同学们，从你们的语言中感受到了你们对同学作品的肯定，同时，你们还通过作品展现出春天美丽的景色，特别棒！希望你们继续努力，用语言、图画表达自己的感受和想法。

三、案例反思

在“制作《绝句》诗配画作品”一课中，我注重突出信息技术作为学习对象和使用工具的双重价值，引导学生通过回答问题表达自己对春天的认知；制作作品表达自己对现实和古诗中春天美丽景色的理解；分享、评价作品表达自己的感受、想法，在多种表达过程中，展现学生个性，感受传统文化内涵，感受春天之美。

（一）创设真实情境，进行意义建构

在教学中，我引导学生了解校园里春天的主要景物和特点，并初步感知景物的大概位置和构图，帮助学生建构起基本、直观的生活常识，为后续完成复杂的、抽象的作品提供支架、奠定基础。

（二）采取多种策略，关注学生康复

1. 结构化教学

本课在“学习曲线”环节采用了结构化教学方法，根据“结构化学习流程”引导学生学习操作方法，同时，这也是为孤独症学生制定的个人工作系统，以此来培养孤独症学生独立工作的能力。

2. 分层教学

本课从“尊重个体差异、重视功能改善”等方面着手，为不同层次的学生设计有梯度的活动内容，如 A 组学生，利用已有知识和本课新知自主创意绘制春天的景物；B 组学生，则是通过描画、粘贴景物完成作品。通过分层教学，让学生体验到“我能做、我会做、我想做”的成功喜悦。

3. 视觉提示

孤独症儿童常被描述为“视觉思维者”，形象直观思维是他们的强项，在本课教学中，我还引导 A 组学生用彩笔描画曲线痕迹感知曲线的特点、B 组学生用配对粘贴完成作品，通过视觉刺激，激发调动了孤独症学生和智障学生的视觉感官，锻炼了精细动作的能力。

在生活中，表达的范围很广，表达的方式也多种多样，对于特殊学生来说，他们更需要多种多样的方式来表达自己的感受和想法。让我们一起努力，为学生创设表达氛围，教给他们表达的方法，让他们更好地表达吧。

小治爱上写篆书

张金宝

一、案例背景

小治是一名孤独症类型的学生，经常大喊大叫，漫无目的地乱跑、乱闯，情绪极不稳定，偶尔还会出现攻击他人的问题行为。该生注意力时长较短，对事物缺乏兴趣。手眼协调能力以及精细动作能力发展一般。认知方面，除对数字不敏感外，对文字还能慢慢接受。小治的母亲一直在校陪读。

二、原因分析

小治属于典型的孤独症学生，存在认知与沟通困难，对声音、光线、触觉等感官刺激过于敏感，感知觉异常。环境等的改变因素，会导致他的不安和焦虑，使得他的情绪容易波动。可见他缺乏有效的情绪调节能力，自身专注力较弱。书法疗愈是创设温馨舒适的环境氛围，利用毛笔沾墨在宣纸上进行汉字书写，以此来提高学生的手眼协调和精细动作的能力。学生选择站姿书写，形成从头到脚、眼到手到的正向交互通路，来缓解学生紧张不安的心理，故而可以稳定学生的情绪，提高专注力。

三、实施过程

掌握了小治的特点，我以认识书法工具为切入点，配合积极语言鼓励，开始尝试对他进行书法疗愈。小治第一次接触毛笔，对这种笔感到很好奇，拿着它翻来覆去看个没完，于是我趁热打铁将文房四宝给他介绍了一遍。他对此产生了浓厚的兴致，书法疗愈有了一个不错的开始。控笔活动是用毛笔画线，纸上留下的痕迹，让他很感兴趣。但新鲜劲一过，小治又开始坐不住了，起身要走，我告诉他，还没有下课，如果他能把我刚才介绍的文房四宝都说出来，就满足他离开教室的要求。最终小治勉强回答出问题，迫不及待地跑出了教室。

经过一段时间的学习，小治从开始的抵触，慢慢适应了书法教室的环境——静心冥想的古琴曲，宁神的精油香薰，给他一种久违的舒适感和安全感。在学习正确的坐姿与握笔后，我开始让他用墨进行楷书横画的书写，小治在练习的过程中再次出现了懈怠情绪。在写横画的过程中，运笔不到位、敷衍了事。对此，我将训练方法和内容及时做了调整。示范用毛笔画画，画了一个人形，小治却嫌麻烦又将其简化。我顺势把他的“画”修改成一个篆书的“人”字，开始引导他学写篆书。篆书的运笔比楷书容易些，有种画画的感觉。小治喜欢这种画线的感觉，连续几次上课，也不觉得腻，这样我就找到了引他书法入门的兴趣切入点：篆书的练写。通过对小治的观察，我发现孤独症类型的学生适合写篆书，可能是白纸黑线的强烈对比和浑厚、粗犷、蜿蜒的线条变化给学生一种舒服的感觉，所以小治能不厌其烦地进行写字活动。有好几次我从办公室回到书法教室，都看到小治在妈妈的陪伴下，认真地写着篆书，身边的手机放着静心冥想的轻音乐。他的母亲坐在旁边陪伴着，看上去很享受的样子。看到这一幕，我觉得小治已经对书法这项疗愈活动有了一个习惯性的交互，这对于他来说是一个相当大的进步，说明他已经有了书写的欲望。

我将学生上课的照片和学生作品制作成视频，分享给学生们观看，让学生们感受一下这几年来书法疗愈课的发展与变化。当然，小治的篆书作品也在其中，而且还很多。一张张上课的照片和一幅幅书法作品的展现，对小治的视觉产生了巨大的冲击，使他得到了满满的成就感。从小治妈妈的微笑中，我看到了书法疗愈课程对他身心状态的有效改善。

四、效果与反思

疗愈仍在继续，小治的状况也越来越让人惊喜，这也许就是书法疗愈带来的神奇效果吧。经过 4 年多的书法疗愈，他现在的情绪稳定了许多，注意力集中的时间也延长了不少，小治的变化引起了其他任课老师的注意，以他为榜样，其向上、向善、向阳的姿态，激励更多的学生参与到书法疗愈的课堂中来。通过书法疗愈，特殊学生的注意力、情绪控制能力及心理健康都会有所改善，都会朝着我们预期的目标前进，只需静待花开。对于书法疗愈这门课程，我自己总结了一句话与您分享："翰墨飘香人自立，书法疗愈静心怡！"

你能大步向前走

王思琦

一、案例背景

晴晴是一名发育迟缓的 9 岁小女孩，语言和认知能力发展较好，双腿肌肉力量弱，平衡能力弱，走路姿势异常。

还记得第一次上课间操，我们一起来到操场。晴晴非常害怕，她用右手堵住右耳，左手抓住我的衣角，身体紧紧贴着我，拒绝参加任何活动。我要求她松开手，她就用两只小手紧紧地抓住自己的衣服，双腿微微弯曲，佝着背，哇哇大哭。我只能让她一直拽着我。这种情况严重影响晴晴参加户外活动。

二、原因分析

通过一段时间的观察，我发现晴晴在嘈杂、空旷的环境就会紧张、害怕。她存在着对高频声音和嘈杂环境音高度敏感的问题。同时，通过与晴晴的家长沟通了解到，晴晴小时候花费了相当大的精力和时间学习站立和走路。晴晴也在不断的行走训练中获得了很多不好的体验，以至于在空旷的环境中会感到害怕和紧张。我便想到了行为塑造法，它能针对学生的行为不足进行训练。

三、实施过程与成果

（一）独立站立训练

再次来到操场上，我站在晴晴的身侧，要求她松开我的衣角，由我来扶住她的手臂。最开始，晴晴有些紧张，用小手紧紧抓住自己的衣服，但没有哭。我马上鼓励道："晴晴，你真棒！"等晴晴不再紧张以后，我慢慢过渡到扶住她的大臂，肩膀。

接着，我挪动到她的身后，双手放在她的肩膀上。晴晴发出了一点点啜泣的声音，想要转身拽我。我捏捏她的肩膀，告诉她："老师在晴晴的身后呢！"很快，晴晴就适应了，我马上表扬了她。

最后，我再次回到她的身侧，和她挨得很近，但不再和她有任何接触。晴晴没有任何不适，还能跟着课间操的音乐哼唱。老师们看到她的进步，都称赞她是个勇敢的小姑娘，晴晴高兴极了。过了一段时间，我走到离她比较远的地方观察她，发现她可以跟着示范的老师做操了。

站立的训练持续了大概三个星期。智力障碍儿童存在感知速度慢的特点，在干预的过程中就需要教师有充分的信心来对待孩子的问题行为。

（二）独立行走训练

在独立站立取得一定效果后，我继续使用行为塑造法来解决晴晴只敢在室内独立行走，到了室外就要牵着大人手的问题。

一开始，我在晴晴身后拽着她的衣服，她慢吞吞地走在前面，有时会向后找老师，但并没有哭。我马上鼓励她："晴晴能自己走路了！"等她适应以后，我回到她的身侧。这时，晴晴竟然要求自己走，我马上给予支持和肯定。很快，晴晴能自己走路了。我猜想，晴晴之所以能够很快进步，是因为发挥了自身的主体作用，调动了自身的主观能动性。当她自己愿意改变时，问题便更加容易解决了。

四、案例反思

在对晴晴的训练上，使用的“行为塑造法”是由训练者结合学生的初始情况为其设定的一系列不断接近目标行为的近似行为，每当学生表现出某一近似行为就进行强化，而对其他行为不予强化，促使其消退最终形成目标行为。我首先让他进行逐渐减少有接触的站立的训练，再进行独自站立的训练，最后过渡到独立行走的训练。

苏霍姆林斯基曾说过：“让每一个学生在学校里抬起头来走路。”就是要培养孩子的自信心，它鼓舞着孩子克服困难，取得胜利。在使用“行为塑造法”对晴晴的训练中让我意识到，想要解决学生的问题行为，需要从学生的个体差异出发，制订计划，并脚踏实地地去实施，才能更好地促进学生的身心发展，提高特殊教育的效益，使学生取得进步。

视觉提示助他成功

王　伟

一、案例背景

孙同学，8 岁，为智力发育迟缓儿童，有较好的言语理解能力和指令听从能力，但缺乏自主表达个人需求和主动完成任务的能力。如每天早晨孙同学入校到教室门口后，并不会直接进到教室内，而是站在教室门口一动不动地等待，直到老师向他发出“进来”的指令，他才会进来，但是进到教室后他仍然不知道该做什么，需要老师逐一发出“换鞋”“放书包”“接水”等指令，他才能完成每日入校的常规活动。

二、原因分析

（一）家长的教养态度

孙同学和爷爷、奶奶、爸爸共同生活，为单亲家庭。由于爸爸上班，爷爷奶奶年龄较大，陪伴他玩耍的机会较少，孩子大多自己在院子里玩，导致他没有形成表达需求的行为习惯。另外，由于爷爷的性格较为暴躁，对孙同学表达或表现出的需求缺乏理解和耐心，有时他的某些行为不合爷爷的心意，爷爷就会对其吼叫、大骂甚至拳脚相加，长此以往形成了他胆小的性格，不敢表达自己的需求，不敢做想做的事，甚至形成了不愿意去想需要做什么而只是乖乖听从家长或老师的话，让做什么才敢做什么的行为模式。

（二）教师的教学形式

因为孙同学有很好的指令听从能力，所以有时教师为了提高其完成某项任务的效率，就会用一个又一个的教学指令引导他完成相应的任务，以致不断错误地强化了他的不良行为，忽略了对他自主观察、表达自身需求以及规划个人行为等良好习惯的养成。

三、实施过程

（一）家校合力，增强自信

自信是成功的基石，是人们心灵中最为重要的力量之一。它能够让我们在面对各种挑战和困难时变得坚强、勇敢，然而自信又不是一朝一夕就能建立的，所以我会通过多种途径来增强他的自信心。我会及时关注孙同学的点滴进步，给予肯定和奖励并时刻鼓励他表达自己的需求。我也会适时为他提供表现自我的机会，帮助他获得成就感，进而增强他的自信心。我还会与他的家长沟通，获得家长的支持与配合，在居家环境中给予孩子足够的耐心，尊重他的意愿并及时鼓励他表达，以此形成家校合力，增强其表达的意愿和自信心。

（二）减少指令，构建结构化活动系统

为减少口语化的指令，我会为孙同学提供结构化、可视化的活动流程图，引导其自主观察应该做什么。如每日孙同学到教室后需要做的事情有以下几项：贴名卡、换鞋、收书包、收衣服（冬季）、接水、知动训练，他能通过图文提示清晰了解自己的任务，用图片任务代替教师的指令，以此促进其形成自主观察并完成任务的习惯。

（三）视觉提示，提高独立完成任务的能力

结构化流程图解决了孙同学知道该做什么的问题，而视觉提示操作步骤图则能帮助其理解每一项任务应该怎样做。生字的抄写一直以来是智障学生

学习的弱项，因为每个生字包含不同的笔画，每个笔画有不同的起笔点和运笔方向，这就导致大多数智障学生无法记住笔画的顺序，或是把“提”按照“撇”的运笔方向书写等。孙同学在抄写汉字时就常常出现多笔画或缺笔画的问题，因此，为了提高其按正确笔顺抄写生字的能力，我在每个生字的笔画起笔处标注数字，以提示他生字的笔画顺序和每个笔画的起笔点在哪里。最终他在视觉提示的辅助下，学会了按照正确的笔画顺序抄写笔画简单的生字。

四、效果与反思

经过一学年的尝试，孙同学的自信心有了很大的提高，变得越来越勇敢，也逐渐有了表达的意识，其视觉的信息整合理解能力也有了明显提高，有时仅需少量提示他就能自主观察并完成相应的任务，但还需要继续矫正，逐渐减少视觉或言语提示，以提高其自主完成任务并规范个人行为的能力。

孩子，眼神也是可以交流的

王艳艳

一、案例背景

“航航，把头抬起来！”“航航，小新和你说话，你应该看着他呀！”你经常会听到这样的提示语言。航航是职业班的一名男生，说话时经常低着头或者眼睛看别的地方，偶有眼神对视也是短暂、飘忽不定的。

二、案例分析

职业学生即将回归社会，良好的职业素养非常重要，在《职业教育课程》一书中，独立生活技能领域中有明确要求：与人交流时要有礼貌行为，这不仅包括使用礼貌用语，还有注视与倾听。交流时，注视，可以使人感受到尊重。

为了让这些与航航有类似情况的学生将来能够在工作中具备良好的职业素养，我尝试了以下方法：

（一）在镜头下发现

只有发现问题、知道问题所在，才能改善。为了使学生了解自身存在的问题，我以航航为主角，拍下几组他课上、课下与人交流的情景，在为其他学生播放时，询问大家喜欢哪个视频里的航航，大家一致表示喜欢看着老师、与老师互动的航航，都认为在和别人说话的时候低头的航航不礼貌、不自信、不尊重对方。这时我告诉学生们：与人沟通时，眼神交流是给人留下积极印象的一种相当有效的方法。良好的眼神交流表明了尊重、信任的态度，展现了你的能力、真诚和对对方的重视，这样对方很容易对你产生好感并加以信任。想一想，你有没有与航航类似的情况呢？这是职业素养，我们在平时要注意并多加练习。

（二）在练习中改善

智力障碍学生需要正向引导，他们善于模仿。我下载了残障人士在工作时的视频，有对话交流、有倾听客人要求的，引导学生观察他们的仪态仪表和眼神，然后在课上创设情境，让他们模仿练习。我们尝试这样做：

（1）看着对方的眼睛。

（2）不要直勾勾地盯着，也不要飘忽不定。

（3）你可以看着对方的鼻子。

（4）你也可以眨眼、点头并微笑。

（5）在对话时，要一直保持良好的眼神交流。

我把这些尝试的方法粘贴在黑板上，并配合相关的图片文字，进行分组一带一练习，既能指导学生又可以提高效率。

在家政课上，我们练习家政师与顾客的对话；在超市课上，我们练习收银员与顾客的对话；在西餐课上，我们练习顾客与服务员的对话；在家政服务时，我们练习团队成员之间的对话……我把这些作为示范性情景剧拍摄下来，放在班级里的电脑中，学生们可以随时播放，模拟练习。

在模拟练习初期，航航比较羞涩，我提醒但不强制，避免他产生逆反；让沟通能力强的一组学生演示，其他学生观看并尝试模仿，同学们投票选出表现最为出色和进步最大的一组，这一过程采用语言表扬加“爱慧少年”红星奖励，并把这一组的学生拍照粘贴在成功体验专栏里。

三、效果与反思

经过一段时间的练习，航航的变化非常明显，与人对视的时间长了，被提醒的次数少了，在稍微有眼神的飘忽后又能马上回来，他的照片在成功体验栏增多的同时自信心也明显增强了。其他与航航有类似情形的学生也有明显的改变。

特殊教育学生职业素养的培养不是一朝一夕就能完成的，他们现在能够有眼神的注视并能认真倾听他人讲话，就是极大的进步，还需反复练习，让它常态化，成为一种习惯。未来，相信他们用眼神也能进行沟通、交流。

晨晨不再扔玩具了

张　欢

一、案例背景

晨晨今年10岁了，他有浓浓的眉毛，大大的眼睛，白净的面庞，穿着干净得体，老师们都特别喜欢他。就是这样一个人见人爱的小男生，却是一名孤独症儿童。

通过与他的班主任了解情况，我知道晨晨擅长视觉、听觉、触觉多重感官综合参与学习，对于生活中经常见到、听到、摸到和用到的东西接受较快，比较适合用直观形象的教学材料进行学习，但是在学习上有一定的依赖性，注意稳定性弱，自我控制能力弱；有刻板行为，经常重复无意义的语言。

还记得第一次给晨晨上个训课，我根据他的学习特点，准备了颜色鲜艳、种类丰富的玩具，有会发声发光的小汽车，有会叫的毛绒玩具狗，有会出声的绘本……

开始上课了，每出示一个玩具，晨晨都会眼前一亮，瞪着大大的眼睛，认真地观看、摆弄，配合老师进行每一个教学环节，可总是在即将完成教学环节的时候，他就会突然以迅雷不及掩耳的速度把玩具扔到地上，然后睁着大大的眼睛，一脸无辜地看着老师，怯怯地说：“我把小汽车扔了，扔小汽车不对。”“我把小狗扔了，扔小狗不对，不能扔小狗。”……只要经过他手的物品，不管时间长短，最终都会被扔到地上。

二、案例分析

经过多次观察、分析，我发现：晨晨扔玩具，不是因为玩具不够新颖，没有吸引力，也不是活动时间过长，超过了他的有效注意时效，而是因为他的自我控制能力较弱，易于冲动，扔玩具都是无意识行为，不具有主观能动性。为了抑制晨晨的冲动行为，减少扔玩具的次数，我主要从以下几方面入手。

首先，通过动作康复训练，抑制肌肉张力，减少冲动行为。

交替半跪及正确抬手、数数，这是一个非常有效的抑制肌肉张力、减少冲动行为的康复方法。学生交替屈腿、举手、数数，三个行为要一致。训练时可分三个阶段完成：第一阶段，教师与学生面对面一起做，共同屈腿、数数，然后将举手改成相互击掌，在老师的完全带领下，三个动作保持一致。第二阶段，把其中的教师出声数数改成在击掌时提示学生数，提示的强度、频次逐渐降低。第三阶段，教师由提示两个动作到提示一个动作，直到逐渐退出辅助角色，由学生独立完成，必要时再给予提示。最终让学生非常标准地完成这个动作，达到一心数用，更好地抑制冲动行为。

由易到难按线框涂色，发展精细动作控制能力，减少冲动行为。前期了解到，晨晨对颜色刺激感兴趣，涂色也是他比较感兴趣的活动。在教学中，我设计了由单图到组合图，由单色涂到多色涂，由部分涂到整体涂，由辅助涂到自主涂……逐步提高他的肌肉控制能力。

其次，创设有针对性的结构化环境，将无意识冲动行为变有意之举。

在多次的观察中发现，晨晨在进行桌面活动时，扔玩具的次数较多，而且是快速地向前方扔出去，不会往其他方向扔，扔完之后的表情很不自然，像是知道做了错事。我知道他的内心也承受了一定的压力。为此，我改变了操作桌的摆放位置，让它靠墙，这样，玩具就不会被扔到地上了。可是

“扔”，还是一个不好的行为，我又改变了出示玩具的方式，把玩具筐立在桌子前，并标注上“车库”“小狗之家”“书架”等标识，引导学生从“车库”中取出小汽车，从“小狗之家”中带出小狗……由于桌子前边有墙及玩具筐的阻挡，玩具不会被扔到地上，在他扔的时候，我又及时强调，“我们把小汽车放回车库”“我们把小狗带回家”……弱化“扔”的概念，以及这种行为对晨晨内心深处的刺激。

最后，利用奖励机制，进行正强化，控制冲动行为。

课上每完成一个环节时，都要进行评价，有学生的自我评价，有教师评价。当学生表现好时，要给予奖励进行正强化，“我们按要求取放玩具，得到了奖励”，切记不能说“没扔玩具……”由一个环节的奖励到一节课的奖励，积累到一周、一个月的奖励……不同次数的奖励可以换取学生更喜欢的物品或者喜欢参与的活动，持续的正强化奖励措施，减少了学生扔玩具的冲动行为。

三、反思

转眼之间，一学期的时间即将过去。晨晨随意扔玩具的行为也逐渐减少了，从开始的每节课扔六七次，到现在控制在每节课扔一两次，有时情绪好，整节课都没有这种行为发生，虽然在实际过程中也有反复，但这是一种螺旋式降低的现象。

特殊学生经常会有一些异常行为，让人有些难以理解，但是不管发生什么样的行为，都有其深层次的原因，作为特教教育者，不能只关注表面现象，要挖掘内在因素，从根本上解决问题，才能起到事半功倍的效果。

展推销风采　为推销员点赞

邢福新

学校爱心超市内堆积了大量的卫生纸销售不出去，针对这种情况，我们改变了销售模式。

一个周四下午的第二节课，我在班上宣布了一个重要决策：“这两节课我们的任务是到各个办公室向老师们推销卫生纸。每卷卫生纸的售价由原来的 2.5 元降低到 1.5 元，每卷卫生纸比之前便宜了 1 元钱，每位老师最多可以买两卷。你们敢去推销吗？”

听到老师这番话，班内一部分学生兴奋地大声喊道：“敢。”

接着我又给他们抛出了一个难题：“你们知道到了办公室该怎么向各位老师推销卫生纸吗？”同学们这时静了下来。过了几秒，我主动提示大家推销卫生纸的几点注意事项：第一，要有礼貌。你们进门的时候要敲门或喊报告，并向老师们问好；走的时候和老师们说再见，并将门关好。第二，要说清楚自己今天是来推销卫生纸的。第三，要说清楚价钱。每卷卫生纸原价 2.5 元，现价 1.5 元，便宜了 1 元钱。第四，说清楚因为数量有限，每位老师最多只能买两卷卫生纸。

说完要求后，我们进行了一次“模拟演练”。金某、刘某按照老师的要求说得还不错，其他几位同学说得不太清楚，于是我决定第一次推销就以金某、刘某为主，带领其余同学共 6 人去完成推销任务。

学生们用购物筐盛满了一卷卷的卫生纸来到办公室。走在前边的金铂很有礼貌地敲门，经过老师的允许后，大家走进去向各位老师问好。办公室内的老师感到很诧异，不知道他们因何而来。

金某一马当先，面不改色地开始进行推销："各位老师大家好，我今天是来推销卫生纸的。每卷卫生纸 1.5 元，便宜了 1 元呢。每人最多可以买两卷，欢迎大家购买。"真没想到，金某一点都不紧张，条理清楚，表达明确，受到老师们的表扬，老师们对孩子们的推销活动赞赏之余，还相当配合。有的老师甚至还故意考验他们："我买两卷多少钱？我给你 5 元，应该找多少钱？"金某稍作考虑后回答说："两卷 3 元，找您 2 元。"老师称赞他说："算得不错，给我拿两卷。"其他老师们在购买的过程中，也都在特意训练孩子的计算能力，让他们数钱、找钱。金某、刘文简单的计算还勉强能应付，遇到算不出来的时候就很机灵地拿出手机打开计算器计算。刘老师故意问他们："我多买几卷行不行呀？"洪某向来嘴快，一口就回答说："行。"金某反驳道："不行，老师说数量有限，每人最多买两卷。"刘老师接着问："那我买一卷行不行？"洪某这次倒是很执着了："不行，每人买两卷。"刘老师又逗他说："哟，你还强买强卖呀，最多买两卷，买一卷怎么不行呢？"洪某脸红了，不过此时他也明白过来最多买两卷是什么意思了，马上说："买一卷行，买两卷也行，多买不行。"有的老师故意在和金某讲价："1.5 元太贵了，便宜点吧？"金某一本正经地说："不行了，已经便宜 1 元钱了，再便宜就赔本了。"逗得老师们哈哈大笑。

很快，大家小筐里的卫生纸所剩无几。临走的时候同学们很有礼貌地和老师们说："谢谢老师，欢迎您光临我们爱心超市。"出了办公室，他们看到在门口静静观察的我，纷纷兴奋地说："邢老师，我们成功了。""我们都卖完了。"我对他们竖起大拇指称赞道："我都看到了，你们做得特别棒！吴主任说也想买一些卫生纸，你们快过去吧。"同学们自信满满地到了主任办公室。吴主任又给他们出了个难题："我想买两卷，可是我没带钱怎么办呀？"这下，同学们傻眼了，没人吭声。主任说："如果有的老师不能当时付账，你们可以准备一个记账本先记上，等老师还钱的时候再划了，这样行不行？"大家连连点头说行。主任拿出一个本子，教学生如何记账。就这样，同学们在真实的推销情境中建立起了赊账的概念。

第一次推销活动圆满结束了，同学们感觉这样的推销活动很有新意，他们在情境化教学活动中培养了生活适应能力，锻炼并提高了应变、计算、沟通等能力。活动的成功，源于教师为学生的发展创建情境化教学平台，让学生在情境中得到锻炼、提升，并在活动中获得成功和自信。

走近你　改变你

张艳凤

他是一个外表憨憨的孤独症大男孩，是老师和陪读家长心中比较害怕的学生。有学生告诉我："张老师，您注意点，他会发脾气、动手打人的，那回就把李老师和志远妈妈打了，还咬人呢。"听了同学的描述，再看着眼前这个漂亮的大男孩，我还是决定试一试，走近他，改变他。他就是职业17班的洲洲，一个身上贴着各种让人恐惧标签的男孩。

通过和家长、老师交谈，我知道了洲洲是一个患有非常严重孤独症的男孩，童年时期父母经常争吵，造成孩子情绪非常不稳定，遇到大的声响就会不由自主地捂耳朵。父母离异后，孩子由妈妈独自抚养，由于妈妈对他的溺爱使得他的脾气更加暴躁，加之青春期生理变化，让他的情绪发展到不可控的状态，会突然暴力地咬同学的手；会在毫无征兆的前提下，追着任课老师打；也会在陪读家长毫无防备的情况下，进行突然袭击。

了解到他的这些情况后，经过深思熟虑，我决定慢慢走近他，了解他，接纳他，改变他。

经过了解，我发现，被他伤害过的同学都是比较老实的学生，于是我在他的座位周围都安排了语言比较好，能制止他行为的学生，而且把他的座位安排在第一排，便于我观察他的行为表现。

温柔改变自我防御行为。每当我要伸手拍他时，他就会瞪着冒凶光的眼神看我，好像在告诉我"别碰我"。为了让他适应我的行为，我会不定时地用手拍拍他的肩，拍拍他的背。起初他是躲闪的，我也是轻轻地拍拍，一次，两次，渐渐地我发现他不再抵触我了，和我有了互动，还能在我的要求下给我拍拍肩，情绪也变得好多了。

巧用社交故事讲述青春期故事。智障学生到了青春期，同样会有正常人的青春期行为，但是他们不知道如何化解，只是直白地表现出一些需要转移或者规避的行为，造成别人的误解。根据洲洲的理解能力及孤独症学生的视觉优势，我精心挑选了《懵懵懂懂的青春期预备图册》等绘本。每天在他心情好的时候，我就和他一起看绘本，用简洁的语言讲解绘本内容，在轻松的氛围中慢慢讲述青春期的知识和需要注意的行为，告诉他要在私密的空间保护自己的隐私，不要对别人进行伤害和影响。在社交绘本的辅助下，我会巧妙指导他的一些行为，带着他去自己的宿舍，告诉他这是他的空间，需要时可以来这里。改善青春期的行为需要慢、巧、活，洲洲在慢慢改变。

争取家长正向支持跟进。对于洲洲的青春期行为矫正，我和家长进行了细致沟通，并争取家长在以下几方面最大限度地支持协同，以改善洲洲的行为。

一是请家长继续利用社交绘本故事指导洲洲的正确做法。

二是注意生活起居规律，生活中按时睡眠，按时起床，保持充沛精力，不穿太紧的内衣、内裤。

三是适当进行体育锻炼，消耗掉他多余的精力，提高身体素质。

四是当洲洲出现过激行为的时候，积极帮助他解决问题，不能一味地批评或是苛责孩子，冷处理后再慢慢指导。

现在的洲洲每天到校后，都会和老师打招呼，对老师的问候也有应答，老师说“谢谢”时，他会说“不客气”；每次我喊他名字时他都会主动回应“哎”；需要喝水时，也从原来的让老师给倒，到现在能自己倒水喝；午餐过后还能和同学一起收拾餐盘。更主要的是青春期的一些过激行为也在慢慢变少，虽然偶有反复，但洲洲真的在发生改变。适合的方法，给适合的他，坚持走向他，一定能改变他。

一个围裙结引发的狂飙

王　齐

上烹饪课前，学生都需要在教室穿戴好围裙，但是小廉忽然有点不在状态，怎么都系不好围裙带子，我走过去想帮忙，但他马上背过身去大声说："我自己系，我能行。"我又上前一步说："我知道你能行，可能是围裙带有问题，需要换个方法系，我帮你看看。"他又烦躁地往后退了几步，赌气地说："哎呀！我就是能行！"最后直接跑到我的办公区躲了起来，还大喊着："不用不用，我就是能自己系。"看他情绪即将爆发，我只好退到教室门口，给他足够的时间让他处理。几经努力他终于系上了，但是焦急中，他系了个死结！还怕系得不紧使劲勒了勒。我心头也随之一紧："系个死结，这下课回来脱围裙时解不开可怎么办？肯定又是一场暴风雨啊！"

在他去上课期间，我利用孤独症应用行为分析法的ABC模式，分析了他情绪爆发的前因，又预想了3种解决方案，第一种，我帮其他同学解围裙，再反复强调"今天你们表现好，作为奖励，老师帮所有人解围裙"，这样让他知道老师来解围裙是奖励，不是帮助。第二种，我的手握着他的手来解，因为他的手在下面，是他在操作，所以还是算他自己解的。第三种，就是告诉他"老师的职责就是教学生技能，学生都需要老师的帮助"。

怀着忐忑的心情等到他下课，我马上实施方法一，并反复强调"老师解围裙是奖励"，结果失败了，他背着身强硬地说："我自己解。""那老师的手放你手上，解开了还是算你自己解的啊。"我还是没能说服他。由于始终解不开，课前系不上带子时的暴躁情绪一下都涌回来了，他跳到椅子上，一边跺脚一边喊叫着狂飙起来。我又严肃地告知他老师的作用，他听到我说如果不能帮助他，校长就会把我开除了，他会见不到我。于是，他先是犹豫了一下，同意让我帮，但刚从椅子上下来马上又反悔了，很纠结地略带哭音喊叫着“我能解，我可以的，以前都是我自己弄的”。我脑子里飞速地想着怎么办，忽然想到他喜欢看新闻，这几天我们还聊了二十大换届选举的事。于是，我又将话题引到二十大换届选举这个问题上。终于，他同意了我的帮助，一场由围裙结引发的狂飙就此化解。

从事特教教学的 10 余年间，我发现一个普遍现象，凡是从普小转到特教的孩子，由于受到过歧视、欺凌和嘲笑等，导致他们的心理问题或性格缺陷尤为明显，所以应用性行为分析的问题行为干预策略特别适合他们。ABC 的常用策略有 5 种，本案例中我通过分析行为的诱因发现，小廉觉得系带子解带子是简单的事，他能做到，不愿意让别人帮，否则会感到很无能和受挫，所以怎样让他接受别人的帮助是关键。我先是采用了这 5 种策略的第二种——行为教导策略，这其中又包含 3 个子策略，分别是行为模式教导策略、认知行为模式教导策略（包括社会故事和自我管理）、自然取向语言教学教导策略，再通过准确找到他的兴趣点和突破点，循序渐进地改善了其因为系解围裙导致的情绪狂飙。为了防止此类事件再发生，我又使用了 ABC 中的常用方法一——前事控制策略，就是跟其家长沟通，把围裙带改成了松紧带，方便其穿脱围裙，对此家长还觉得老师很细心。

在假期学习的《孤独症孩子希望你知道的十件事》一书中，第九章“请努力确定引发我消极的因素”中曾提到：你把这种情况称之为情绪崩溃，但在我的感觉上，它更像是一场爆炸，它对我的可怕程度要超过对你，所以面对每个学生的狂飙，找到他的兴趣点，并尝试不同策略解决问题行为，就是特教教师爱和智慧的价值体现。

其实，他很乖

刘　璇

这个时髦又帅气的小男孩名叫宸宸，今年 8 岁了，他不但好动，而且喜欢爬高，有时还会整出一些稀奇古怪的事情，让大家大跌眼镜。他是来自星星的孩子吗？也许是吧。

宸宸升班了，成了一名小学生，年长一岁的他似乎变得懂事了。可是，让他在学校午睡，真是件难事，老师被气得直跺脚，可他就是控制不住，向老师、同学展示他的跳高、跨越本领，踮起的小脚丫像在跳芭蕾，看他骄傲的样子，我好生气。看着他，我的脑袋超负荷运转，其实他也不想吵到其他小朋友，因为感觉统合失调，让他很不舒服，所以，他的前庭觉、本体觉、触觉都应该好好训练整合一番。

妙招一：亲密接触——感觉输入

今天一到宿舍，他就把自己扒个精光，我没理他，让他上床躺着。过了一会儿，他刚要起来展示一下十八般武艺，我迅速地躺在他的旁边，搂着他，还轻拍他的背部。但他很想下床溜达、跑跑，发散下精力，看我一直在他床边，最后他放弃了，不再起来了。可是，他就是睡不着，不能起来跑跳，就开始寻觅其他的事情来做，“嗯……”嘴巴发出点声音，还真有意思。

妙招二：难缠的图片——视觉提示

宿舍的安静总是被他嘴巴发出的声音打破。今天一回宿舍，他就上床了，我以为他变乖了。意想不到的是，刚躺下 10 分钟，他就控制不住——嘴巴又出声音了，这时我拿着一张“保持安静”的图片走到他的床边，他嘴巴一出声，我就出示图片，一开始绵密又频繁，渐渐地，宸宸嘴巴发出声音的时间间隔变长了，我依旧使用图片来提示他，后来图片撤了，他也变乖了，不再发出声音了。

妙招三：家校合力——有效调整

经过观察我发现，其实他不是不想睡，而是他居家睡觉的时间点比在校的时间晚，这不上课了他却睡着了。我和他妈妈微信沟通，说了孩子这几天的表现，争取家长的支持配合。宸宸妈妈特别配合，主动提出给他调整居家作息时间，中午不让出去玩了，必须在床上躺着，而且由爷爷奶奶陪伴。家校协同，一起坚持下来，宸宸在校睡觉的状况有了明显改进。

妙招四：丰厚的奖励——正向强化

古人云：知己知彼，百战不殆。此话不错，这不，开学没多久，宸宸的底细就被我摸清了。为了让他在学校安静地午睡，我绞尽脑汁，他很喜欢动物，我就用动物的图片、玩具作为奖励，让他在宿舍睡觉。奖励很丰厚，周一到周四完全不重样，吃、喝、玩的都有，一旦中午他没睡，这丰厚的奖励就没有了。图片的正向强化刺激在宸宸按时午休的过程中发挥了积极作用，睡午觉逐渐从强制变得自然、幸福。

孤独症儿童被认为是来自星星的孩子，具有个性化的情绪行为问题，需要我们特教教师采取适宜的专业矫正方法和他们建立亲情，取得他们的信任，帮助他们养成良好的行为习惯。

现在的宸宸，不但适应了学校的一日生活，最重要的是，他能在宿舍睡觉了，而且睡得很香，做的梦也很甜。现在想想，其实，他真的很乖。

游戏，未必论输赢

瓮　立

下午的休闲课，老师带学生们去操场进行户外活动，本节目标是增加户外活动时间，亲近自然，通过追跑游戏提高学生身体素质，增加孤独症学生之间的友好关系。泡泡枪作为强化物媒材。

暖身活动之后，学生开始游戏活动：鬼抓人。

首先由我扮“鬼”，能理解游戏含义的是温某、张某和周某，他们能主动逃到远离我的位置去挑衅，而艺艺、芊芊和锐锐则需要提醒着才能逃开。反复几轮之后，学生们相互关注着状态，偶尔还能组团逃跑。动力下降之后，老师借助泡泡枪的吸引力，把追跑模式变成了学生追老师——学生能抓住老师时，就可以得到玩泡泡枪的权利。此时有意识能主动追逐老师的，只剩下温某、张某和周某，又进行了几轮之后，周某逐渐失去动力，只剩下温某和张某仍在不停追逐。

两个孩子跑动的速度快，老师只好用更快的速度逃掉，不让他俩抓住。老师在前面跑，捏住泡泡枪开关，泡泡在身后散去，两个学生仍旧在不停地追，老师用自己的技巧闪转腾挪地躲避着追击，两个孩子完全没有机会。就在如此反复多圈之后，张某开始崩溃地哭了起来，蹲在地上指着老师：“我追不上你啊，哼，我不玩了……”

此时的老师仍旧沉迷在自己的动力之中，继续跟温某缠斗。直到老师也累了，才发现张某蹲在很远的地方愤愤地抹着眼泪，口中述说着对老师的强烈不满与抗议。这时我才意识到，游戏已经从“鬼”抓人变成了欺负人，而张某成了那个受害者。

过于认真的“鬼”，往往带来很大的负面效果。老师难以放下这力量的魔戒，这背后引发的个人情结是：我不想输，我要赢，由此出现过度投入，这就让游戏失去了公平性，无法达到“每个人都有赢的机会”。对于学生来说，一方面在游戏空间里，但又离开了游戏空间。另一方面，成年人可能复制了其他人给予他们的伤害，我们不只是我们，我们也是他们过去生活中的移情与投射的对象。

成年人要做的是玩耍性的攻击，增大离真度，用“不太认真”的态度去输给他们，使用夸张的姿势、动作、语言、声音，让代表真实的距离变得足够大，提高想象的空间，提供真实的感受，同时又有反应空间的心理位置，这样才能提高学生的能力感，使他们发展出更有独立特性的自我。

一个爱关窗户的学生

刘宏宇

商同学是我班的一名孤独症学生。一天，我正在组织学生进行常规训练，商同学突然从座位上站起来，径直向教室后面走去，我问他去干什么，他也不回答。我走过去拦他，他却不顾我的阻拦，走到教室后面，把窗户关上了，然后又若无其事地回到了座位上。

商同学上课随便下座位去关窗户这样的问题行为，几乎每节课都会发生1—2次，严重干扰了正常的教学秩序。通过观察和分析，我了解到，商同学缺少规则意识，又不善于表达自己的想法，当他的需求得不到满足时，就会出现这种行为。那么，如何改变他的这种行为呢？带着这个疑问，我翻阅了关于孤独症儿童的专业书籍，从中学到了一些纠正孤独症学生不良行为的方法，于是，我尝试运用学到的方法对他进行行为矫正。

首先，给他建立规则意识。我通过任务卡的方式，每天给他固定时间去关窗户，告诉他每天到了任务卡上标注的时间，才能去关窗户，上课时不能随便下座位去关窗。让他了解到，自己可以去关窗户，但是要在适当的时候去关窗户才是正确的。起初，我按照任务卡上的要求，下课时带他去关窗户，通过反复多次的训练，他慢慢地固化了自己的行为，逐渐有了规则意识。

其次，及时对他进行奖励，促进习惯的养成。奖励是一种正强化，是调动孤独症学生积极性、塑造良好行为的重要机制。尽管学生的认知有缺陷，但他们也有荣誉感与自尊心，对他们行为的奖励就是对他们行为的认可、鼓励和强化。在矫正商同学问题行为的过程中，如果他在课上没有擅自离开座位去关窗户，或者他能按照任务卡上的要求按时去关窗户，我都会及时表扬并奖励他。及时奖励起到了很好的教育效果，他的不良行为在逐渐减少，加快了他好习惯的养成。

最后，培养他的语言沟通能力。商同学出现问题行为，还有一个重要的原因，就是他不善于表达自己的想法。他距离窗户比较近，可能是风吹着他，让他感觉不舒服了；也有可能是阳光照进教室，他感觉太刺眼了，但他又不会主动向老师说明情况，所以就会直接去关窗户。针对这种情况，我注意对他进行语言训练。每当我发现他在上课时有要起身去关窗户的动机时，就会立刻走到他身边，告诉他：“你可以去关窗户，但要跟老师说，我想去关窗户。”通过语言辅助，指导他正确表达愿望，逐渐锻炼他用语言表达要求的能力。当他说明情况后，我就会让他去关窗户。让他认识到，遇到特殊情况，一定要向老师说明情况，得到老师的允许，才能去做自己想做的事。

通过两个多月的矫正，商同学上课随便下座位去关窗户的行为已经逐渐消失了，他不但有了规则意识，表达能力也有了很大提高。

玩转小小理发店

杨晓会

我们班本周的主题内容为“我是理发师”，瓮老师利用剪纸、撕纸等技巧，带学生完成了多个奇奇怪怪且有创意的发型作品。

在艺术休闲课上，我们带领着学生玩了开理发店的游戏活动。我们以环境布置与讨论角色作为过渡，为孩子们布置了环境（镜子、椅子、洗头区、等待区、杂志架、发型册、围布、毛巾、洗发水、剪刀、梳子、吹风机……），并给他们分配了角色（温某和张某某饰演店员；芊芊、默默与老师饰演客人）。

在一个阳光明媚的上午，妈妈带着两姐弟来理发店剪头发，温某饰演的店员非常热情地欢迎一家三人光临理发店，并安排三人坐在等待区。妈妈拿起发型画册给孩子们看，让孩子们自己选择一个理想的发型。芊芊决定她先做，她选择了画册中那个彩虹长发的样式。张某某是首席发型师，带着芊芊先去了洗发区，帮助其清洗头发，洗发水、毛巾用得很好。洗好后来到剪发的椅子上，张某某不太熟练地帮芊芊围上了围布，拿起玩具小刀（当作剪刀）和叉子（当作梳子）开始理发，简单几下之后就做好了发型，揭去围布，搞定一人。下一个是默默同学。默默翻阅了整本画册，选出了一张小图中的一个发型，选得真是认真啊。这一次由温某同学承担所有的理发工作，她动作麻利，拉着默默迅速地洗头、擦干，然后将其拉到剪发区，用小刀（当作剪刀）和叉子（当作梳子）有模有样地开始理发，很快就完事了。

默默回到休息区后，指了指妈妈："你也剪！"妈妈欣然接受了他的建议，希望张某某负责洗头事宜，温某负责剪发事宜。张某某很快地重复了洗头的过程，我意识到，他抹完洗发水后根本就没有用清水冲。回到剪发区，温某帮妈妈围上围布，同样拿起刀叉开始理发，不一会儿就完成了自己的工作，并细心地用手扫了扫妈妈的脖子，清理碎发。妈妈起身从休息区拿回发型册，站在镜子前观看，表示对温某为自己在画册上挑选的大波浪发型非常满意。付费环节中，温某主动收了 100 元，两个孩子也是 100 元。

下面是角色互换环节，店员们这一次扮演客人，刚才的客人这一次扮演店员。转换后虽然变化并不多，但是孩子们玩得还是挺开心的，理发师的角色真的很吸引人。温同学非常温柔地帮助客人洗头理发，被评为年度优秀员工。

理发是学生日常生活中较为常见的一项生活体验，某些孤独症儿童可能因为敏感度高而排斥理发，甚至畏惧理发，扮演游戏与戏剧游戏的形式增加了活动的趣味性，足够的离真度让孤独症儿童对理发的敏感度降低，完成脱敏。对于能够理解戏剧游戏的学生而言，通过建构空间，帮助学生理解在空间内将要扮演的角色，进而理解角色会做的动作与语言，促进学生的社会化过程。在戏剧游戏中，教师入戏后通过自己的"妈妈"或"店长"的角色，带领学生进行对理发流程的讨论，让学生更进一步了解理发的过程，在这个过程中要有等待，要学会选择。学生在扮演各种角色时，要关注其他角色在肢体与言语上的反馈，在反馈中，每个学生都在习得控制自己的肢体与动作。

戏剧游戏中可以挖掘的细节仍旧很多，诸如店员之间的对话、某一项工作的细节操作、人物之间的关系，都可以给学生更多思考的机会。

神奇的沟通板，让她心想“话”成

刘　爽

周一的晨检时间又到了，幸福二班的每一个孩子都是干干净净的。当老师问道：“你们是自己洗的澡吗？”孩子们有的说是妈妈给洗的，有的说是爸爸给洗的，只有晴晴和小蔡没有说话，于是，我拿出家庭称谓词语卡片，晴晴举起“奶奶”这个词语，小蔡举起“妈妈”这个词语。晴晴属于选择性缄默症，在家里有主动语言，和爷爷、奶奶、妈妈能正常沟通，但在学校里和老师、同学没有任何交流。而小蔡则和晴晴截然不同，她属于言语存在严重障碍的学生，有表达的欲望，但由于自身的缺陷又表达不出来，平时，我们会选择无科技 AAC（如手势、眼神交流、面部表情或肢体语言）和她进行简单沟通，在课堂教学中，我们也会根据教学主题为她自制低科技 AAC 沟通板，将教学内容的文字、照片或图片等符号放在一个纸板上，让她选择其中想要表达的符号来学习并掌握教学内容。

小蔡，是一个人见人爱，非常可爱、漂亮的小女孩，见到自己喜欢的老师她会用搂一搂、抱一抱的方式表达一下自己的喜爱之情。其实，老师们也想和她有内心深处的对话，有时，我们也只能通过多次的猜测才能知道她想表达的意思，但有时还是不知道她到底想要做什么。看着她想与人沟通又表达不出来的那种着急的表情，当时的我们也是看在眼里，急在心上。

为了能走进小蔡的内心世界，了解她的意愿，能和她简单沟通，我向周围同事请教，了解到有一种可以让我们和有言语障碍的孩子进行沟通的仪器——语音沟通板。语音沟通板是早期沟通障碍者常用的设计简单的中科技电子辅助沟通系统，是协助沟通障碍者简单表达的沟通辅具，具有录音功能，能将沟通障碍者所要表达的语句，事先录制存储，通过播放表达他们的需要和想法。于是，我找到语音沟通板迫不及待地翻看着使用说明，但由于自己没有参加过辅助沟通系统的培训，只能自学或向同事请教学习语音沟通板的使用方法。通过学习 AAC 培训讲义，我了解到沟通版面设计，就根据本学期“我的名片”这个教学主题，为小蔡设计学习内容。

为了让小蔡也能自信地把自己介绍给同学和老师，我把她的相关信息录入语音沟通板中，因为小蔡有一定的识字量，在制作沟通卡片时我直接呈现了文字。但是通过向专业老师请教得知，我的录入要点有问题，老师给我的建议是:“最好是主谓宾的表达，为今后做铺垫，主谓宾区别做，如我，是，……能在自我介绍阶段做的，最好把‘我’单独提出来。孩子如果点击一下就出现全句，这是有问题的。”听了老师的建议，我又重新修改了录入要点，得到专业老师的认可后，最终确定了正式版。我让小蔡反复练习几遍之后，她想介绍什么，就在沟通板上点相关的文字，语音沟通板直接就会播放她所按下的信息，如我——叫——小蔡，我——是——女孩等。掌握了语音沟通板的录入要点和版面设计，我把小蔡想在学校里做的事、说的话（如我想——喝水、看书、听儿歌等）全部录制在语音沟通板中，当小蔡通过语音沟通板正确表达，老师理解了她的需求后，小蔡脸上也洋溢着兴奋的光芒。还有一次，我看见小蔡在学习区主动拿起沟通板，亲耳听到她跟着沟通板含含糊糊地发出了“爸爸”“妈妈”的声音，让我又惊又喜。语音沟通板有效地把视觉、听觉和手部动作结合起来，让小蔡体验到了与他人交流的成就感，这不仅培养了她的自信心，规避了恐惧心理，而且也提高了她自主发展语言的能力。

AAC 虽不能完全替代语言和沟通，但它是一个能够支持语言发展的工具，能够给予言语障碍学生更多的支持和辅助，让他们表达自己的需求、情绪、意见，让他们心想“话”成。

当刻板行为遇上结构化教学

彭佳音

我正坐在办公室里，这时候外面传来了熟悉的“嗯……彭老师”的声音，我还没来得及反应，门就被从外面打开了。我无奈地笑笑，迎了出去。这是我们这学期新来的孩子李同学。他有着一双水汪汪的大眼睛和长长的睫毛，是一名从小在唐山和北京各个机构康复多年的孤独症儿童，具有很严重的刻板行为。

他的刻板行为严重到什么地步呢？他将两只拖鞋放在鞋柜里的时候，必须不差一分一毫，如果稍微有一点倾斜或者不齐，他就会哭闹不止。明明是他自己摆放的，但是当他发现看起来不顺眼之后，第一件事是哭闹或者抓人，希望有别人来帮他包办，而不是自己去把鞋摆正。

他经常会把某一件事第一次发生时的场景印刻在脑子里。例如，我们音乐活动课第一次加入最后一个环节放松活动，我们播放《彩虹的约定》，并且让小朋友躺在垫子上放松。有个小朋友压在他身上了，李同学立刻哭闹起来，我和王老师赶紧过去，把那个压在他身上的小朋友引导到旁边，然后我们两个人都守在李同学身边，不让小朋友逗他。因此，他留下了放《彩虹的约定》这首歌时，两位老师都得守在他身边，并且还是蹲着的刻板印象。在这之后，每一次音乐活动进行到最后一个环节时，他都会哭闹着跑过来，要把我和王老师拽到他身边蹲下。

在某一次早晨圆圈时间跪行时，因为我随手拉住了他的手，带着他走，因此他又形成了每次听音乐跪行时，都要我拉住他的手的刻板印象。

他的严重刻板行为，让老师和家长都犯了愁。他是我们班里跪走最稳定的孩子，完全不需要老师辅助，却霸占着老师的手，让老师无法照看和辅助其他孩子，若有突发情况，老师会来不及应对和处理。而他爷爷也反映，他从学校回到家里之后，必须先摘口罩再脱鞋脱衣服，顺序丝毫不得变动，否则就会哭闹不止，直到哭得上气不接下气、精疲力竭为止。

他的刻板行为，对他自己以及班级日常生活都造成了很大的影响，因此，我们决定对他进行一定的干预来改善他的刻板行为。

一次，在综合活动课结束揭任务板时，同班同学王同学由于上课时在地垫上躺了一节课，所以整节课都没有参与，更没有完成任务，因此我们没有让王同学去揭任务板。李同学见状，开始大声哭闹，冲过去要把王同学的任务板揭到“已完成”的那一列，被我们制止后，开始哭闹，并在穿好鞋之后还试图进教室去揭王同学的任务板，最后被我们强行带下了楼。

任务板在结构化课堂中的使用，为学生提供一整个时间内需要完成的任务。在课堂中，学生因为突然请假或抽离课堂去进行个训，都有可能导致该生本节课没有参与、任务板没有揭过去。因此，所有人的任务板不可能每天都整整齐齐，不可能全都排列得一模一样。

如果从任务板入手，让他去注意到，每个人每天的任务板都不一样，他是否就能适应，从而改善刻板行为呢？

为此，我们抓住每一个任务板不同的契机，把李同学带到任务板前给他讲解，为什么不一样，让他明白。

有一天，李同学过于兴奋，不配合老师的教学，不仅自己不完成任务，还把别人用黏土做的作品全都抓碎了。我批评他做得不对，他却面带笑容，挑衅地站在自己工作区的桌子上。我与王老师不动声色，没有去进一步批评他，待这一节美术活动结束时，因为他没有完成任务，我们就没有让他揭自己的任务板。没想到，不能揭任务板这一件事“正中要害”，让他一下子紧张了起来，瞬间就能听得进去老师的话了。不但穿鞋的时候没有再乱跑，最后放学的时候，他的“美术活动”的卡片始终在任务板最左边“未完成”的那一列，他也没有再闹并且试图揭过去。

天气越来越冷，而喜欢赖床的李同学早上迟到的时间越来越晚。有一次，他把第一节课圆圈时间一整节都给错过了，导致他刚进教室的时候，其他学生都已经跪行完了，在进行课间玩耍。而对于他来说，他只是刚进教室准备上第一节课。他跑过去拉住我的手，还要打开小蜜蜂来放跪行的音乐，我告诉他我们已经完成圆圈时间了，给他看任务板、课程表上面显示的圆圈时间和现在的时间。告诉他，他来晚了，我们已经完成了圆圈时间。他也接受了，没有哭闹，而是很安静地配合我们上第二节课，然后揭第二节课的卡片，上第三节课揭第三节课的卡片……

渐渐地，他接受了任务板的改变，也接受了我圆圈时间不牵着他的手，自己一个人独立跪走也可以走得稳稳的。爷爷也说感觉他现在不那么拧，没那么刻板了。

第斯多惠在《德国教师培养教育指南》中指出，“教学必须符合人的天性及其发展的规律。这是任何教学的首要的、最高的规律。”“只教给学生以最本质的、最主要的东西，才能切切实实地掌握这种教材，使它不可磨灭地铭刻在学生的记忆里。”巧用任务板，使李同学既学习了结构化教学中如何理解图片，有序完成自己的任务，符合了孤独症儿童学习发展的规律，又使他改善了自己刻板的行为。这就是我理解的“爱慧”教育：要充满智慧地去爱自己的学生。

小贯：自强不息走出精彩人生路

张宏巍

小贯就读于北京市顺义区特殊教育学校九年级，先后被评为顺义区新时代好少年、区三好学生，担任学校少先队大队长、班长。她遵守纪律，努力学习，孝敬父母，尊敬师长，团结同学，乐于助人，关心集体，积极参加各种兴趣活动，是一个品学兼优的学生。

身残志坚，勤奋学习

小贯积极参加学校非洲鼓社团、轮滑社团、健美操社团并担任队长一职，数次参加市区级演讲、绘画、轮滑、舞蹈比赛并获得优异成绩：2018年获顺义区“五好小公民”主题教育读书演讲比赛特别奖；2019年参与北京市顺义区第十八届学生艺术节集体项目展示活动，荣获九年一贯制组舞蹈一等奖；2019年10月，在顺义区“演绎社团魅力　谱写七十华章”红领巾社团展示活动中荣获区一等奖；在2019年顺义第三届区中小学生轮滑比赛10米正交叉障碍往返项目小学女子甲组比赛中，荣获第六名的好成绩；同年参加国际ISLTS轮滑等级考核，荣获速度轮滑3级证书；绘画作品先后荣获顺义区特教艺术节绘画一等奖，2019年绘画作品还被选入特教联盟书画展，先后在西城、顺义文化馆展出。积极勤奋的她连续谱写着自己特殊的精彩人生。

热爱集体，以身作则

作为学校大队长，她担任学校升旗仪式的主持人，对各个环节了如指掌，能够顺利连贯地把每个环节都串联得自然流畅，每次都能出色地完成任务。除此之外，她每学期期末还会和老师一起搭档，担任学校期末展示汇报的主持人，对于注定不能学很多字的特殊儿童来说，这是一项极有难度的挑战。面对长篇的主持词，她首先要把简单的字用形象的图画符号表示出来，剩下更难理解的就一字一句地不断重复识记。白天跟着班主任刻苦练习，晚上吃完饭也不休息，跟着宿舍生活老师继续反复读，反复背，直到整篇主持词都可以流畅生动地读下来为止。她凭借自己的这份执着，每次都能精彩地完成汇报的主持任务。

作为学校最美班级评比小小观察员，垃圾分类、光盘行动小小监督员，小贯对待工作非常认真负责，恪尽职守。班主任很重视每周的最美班级评比结果，她每天检查完都会和每位老师说出检查到的问题和扣分的原因，提醒老师们要注意。作为垃圾分类和光盘行动的监督员，她不会放过任何细小的问题，发现问题就立刻提醒同学改正过来，帮助同学们养成良好习惯。

乐于助人，励志榜样

在学校生活学习中，她深刻地体会到残障给同学们带来的不便，在班级、卫生间、饮水处、操场上、宿舍中、食堂里都能看到她热心助人的身影，她积极地为障碍程度重的特殊学生接饮用水、推轮椅、取学具、端饭打汤，搀扶他们落座，帮助保护障碍程度重的同学如厕；在宿舍中教她们穿衣服、系鞋带、刷牙、整理内务，她用心为像她一样存在障碍的孩子无私地奉献自己的一份爱。同学们都很喜欢她，信任她。班级中，她积极发挥班长模范带头作用，帮老师整理讲台、搬教具，指导同学有序活动。

在家里，她孝敬父母，尊重长辈，自立自强，是个贴心懂事的好孩子。

因为父母都在农村务农，工作比较累，小贯一直尽自己的努力，帮家庭减轻负担。在学校的烹饪课上，小贯学会了做简单的饭菜，在疫情防控期间居家学习的那段时间里，她利用在校所学，每天给爸爸妈妈做简单的家常菜，妈妈感到非常骄傲，更满心幸福，多次自豪地将小贯的厨艺发到班级微信群，展示给班主任和其他家长看。

无论是在生活里、学习中、赛场上，尽管她与众多的同龄人有这样那样的差距，但她勇于面对，像小太阳一样，走到哪里，哪里就有阳光。小贯就是这样一名永葆自尊自信、自立自强、自律励志的好少年！

第四章

推进“爱慧”生态建设　共绘成长同心圆

爱与智慧的双向奔赴

——记我的家访之路

姚立娜

2004 年走进顺义特教学校的我，已经有 7 年的家访经历。家访工作经历了从家长的不解到理解再到支持，教师从困惑到能专业指导的过程。在此过程中，我见证了孩子的成长，更找到了家校共育的“助推剂”。我也从只会嘘寒问暖简单关爱，转化为用智慧和专业引领家长、指导孩子成长的专业型教师。

几年的家访，我探索出“一对症、二共情、三清楚、四颗心”的方法，这已经成为我的工作法宝。一对症，针对每名孩子和家长，教师要能一一对症；二共情是与家长、学生共情；三清楚是教师分工清楚，对家庭基本情况了解清楚，对孩子在校表现掌握清楚；四颗心是要有诚心、耐心、细心和决心。

一、对症下药，做到一把钥匙开一把锁

家访前要结合学生年龄特点、残疾类型梳理急需解决的重点问题；分析孩子本学期个别化目标的达成情况，关于下学期个别化教育计划制订内容的协商、沟通等。

二、和家长、学生共情，做到理解和接纳

对待家长，要做到换位、共情、理解和接纳他们，做到理解和接纳就能寻求策略和方法。小寒父母离异，自小跟奶奶生活，老人大小事情全部包办，非常溺爱。我理解老人的想法，但更想让老人明白，学劳动本领就是不让孩子受委屈，会自理就是对孩子最大的爱。

三、家访准备功课要“三清楚”

首先，家访老师间的分工要清楚，班主任介绍孩子的表现及假期生活建议，王老师介绍假期中的运动及安全注意事项，李老师观察家长与孩子的相处方式、教养态度。其次，教师对家访对象的基本情况要清楚，家庭成员、孩子的基本情况、主要抚养人等。最后，班主任要清楚每名学生个别化目标的达成情况，急需解决的重点问题。

四、家访沟通时要有“四颗心”

在家访中让家长感受到我们的专业能力和智慧，就要有诚心、耐心、细心和决心。

在东东的家访中，讲述孩子积极参加社团是诚心沟通的开始，然后耐心地告诉家长，孩子近期情绪不稳，与同学发生口角，需要和家庭成员共同解决问题。我们细心制定了《记录东东情绪和行为表》，观察其情绪状况，发脾气的次数、强弱程度，以及诱发发脾气的事件等。通过数据找到诱发的因素和情绪不稳的规律，然后通过转移、沟通、支持等策略给予足够的安全感。在专业的引领和家人的支持下，我们有决心帮助孩子，度过这一特殊的时期。

每一次家访，都需要老师耐心和细心地关注孩子在家的表现，亲眼见证

其亲子关系、教养方式、家庭环境。与家长通力合作，对于包括情感上的支持、专业康复的需求等，及时给予家长建议和指导。

教育中最美的画面就是家校的双向奔赴，最美的声音是家校和鸣。我会带着智慧和爱，在特殊教育的路上与家长双向奔赴，引领、陪伴孩子们不断成长。

家校共育，让湛湛变了

王菊红

家访是建立家校联系的桥梁，是真实了解每一名学生家庭状况、学习环境、学习个性以及在家表现的途径，也能了解家长的期望，为教育教学工作的开展奠定基础，达成家校共育，让孩子的成长更加美好，让教育更加完整。

家访前，我会让家长填写调查问卷，了解家长的需求、迫切要解决的问题，给予家长专业支持。班里曹同学的家长在问卷调查中写道：希望老师本次家访过程中针对以下问题给一些专业支持。

问题 1：孩子不愿意完成任务或需求未被满足时常常会发脾气，这让我手足无措。

问题 2：没有主动语言，交流过程中总是模仿说大人的话，如何改善这种状况呢？

我带着这两个问题，走进曹同学的家。家访过程中，我观察到：孩子常常一个人在自己的房间里玩，家长与孩子很少交流。只要孩子不闹，任何需求都会被立刻满足，但是当家长觉得需求过分时就会制止，不给予满足，这时孩子就会发脾气、哭闹。

针对家长对孩子的教养态度以及家长的需求，我给出了如下的方案。

问题 1 的解决方案：利用感官刺激稳定情绪。

首先，要考虑孩子的需求是否正当，不正当需求坚决不予满足，在孩子哭闹时不采取忽视的态度。在孩子哭闹时可以做一些抚触、挤压，按摩等，帮助孩子输入本体觉，缓解其紧张、不安、烦躁的情绪。其次，如果是正当的需求，给予满足之前要告诉孩子为什么满足。

问题 2 的解决方案：建立交流环境改善仿说行为。

孩子在家期间家长要为孩子创设语言环境，多与孩子进行交流。交流过程中家长要彼此配合。如对孩子问话时，在他还没有反应过来前，让爸爸把答案说出来，要快，不要有任何人称代词，给他建立一种问答交流的情境，而不是一味地仿说，重复别人的问题。为了让家长更清晰明了这个过程，我当场做了示范，家长表示以后按照老师的建议去教育孩子。

根据家访过程中观察到的情况，我针对曹同学妈妈的教养态度，又给了一些建议。

（1）孩子发脾气时不要对其大喊大叫，要告诉孩子怎样做是对的，建立正向行为。

（2）平时出去玩要结合当时的情景，给孩子讲解一些相应的生活常识，增加认知。

（3）多一些亲子时间，创造与孩子沟通交流的机会。

（4）日常生活中孩子能独立完成的事，不要包办，锻炼孩子独立做事的能力。

（5）看一些专业书籍，了解孤独症儿童的特点以及一些康复训练的方法，遇到问题及时和老师沟通。

家长对两个问题的解决方案比较满意，一段时间后我又做了一次回访，妈妈说曹同学在仿说上有明显的改变，能够进行简单的问答交流，但有时还是会仿说。

作为一名特教教师，给予家长专业的支持，是建立信任、深入交流的途径，也是促进家校融合、协同育人的基础。

打造有温度的家校育人共同体

王　雨

学校作为对有特殊教育需要的儿童、青少年提供知识、职业技能等的场所，承担着对特殊儿童的主要教育任务。从特殊儿童自身的特点和需求出发，他们应比正常儿童更需要家庭、学校以及社会教育的密切配合。因此，家校共育在特殊教育的全过程中占有极其重要的位置。

家校共育目的是帮助特殊儿童的家长（父母）获得特殊教育相关的科学知识，树立正确的教育观念，增强对子女的教育意识，掌握一定的教育技能与技巧，正确地处理在家庭中教育特殊儿童时所遇到的所有问题，并能有效地与学校和社会合作，对儿童进行科学的教育、培养和训练。

顺义区特殊教育学校家校合作共育工作主要体现在以下几个方面。

一、统一认识　树理念

学校以“爱慧教育”引领学校发展，在推进“爱慧”文化教育建设，实施“爱慧”教育家校共育中，一方面重视学校与家庭在孩子教育中的不可分离与共同促进，形成合作意识。另一方面，逐渐增强对家长的开放态度，以提高家庭生活质量为基本原则。鼓励家长参与教育活动，发挥家长自身力量为孩子的教育服务，践行“尊重差异，珍视生命”的办学理念。

特殊儿童的父母都要面对并接受特殊儿童作为自己子女的这一事实，他们也有一些共同的心理特征：大多数家长经历震惊期、拒绝期、绝望期、内疚期、接受期五个时期。通过对现有的在籍学生家庭及家长育儿观的摸底调查，特殊儿童对家庭的影响一种是积极的，让家庭凝聚力更强，同舟共济；一种是消极的，使家庭出现危机（离婚率比正常家庭高三倍）。通过摸底家长对教育的期望，也出现期望值过高——急于求成，易于冷却；低标准低目标——缺乏信心，配合不够；合理、适当要求——积极沟通，理性教育三种状态。为此，通过校级、班级家长会，充分强调家长参与教育的重要意义：保护家庭的完整和增强家庭内部的凝聚力；充分发挥家庭的教育功能；通过合作，与学校共同分担教育和训练特殊儿童的责任；扩大和强化社区对特殊儿童家庭的帮助和指导作用，增加特殊儿童家庭的归属感；更好地利用学校、家庭和社区的各种教育资源；增强家长多重身份：成为学校康复专业团队的合作者、学生个别化教育计划的主动拟订者与实施者。

二、制度保障　抓建设

制度是做好一件事情的重要保障，学校在家校合作共育推进工作中着力抓好两大类制度建设。

一是学习掌握国家的相关政策、法律、规章制度。为全面贯彻落实党和国家办好特殊教育的要求，根据《中华人民共和国残疾人教育条例》和《“十四五”特殊教育发展提升行动计划》文件精神，坚持群策群力。加强学校、家庭、社会紧密合作，引导社会力量补充和丰富特殊教育供给。

二是制定和完善本校的相关规章制度。加强残疾儿童少年的家长在学校教育、教学辅导、康复服务、学段转衔等环节的参与程度，扩大对家长群体的专业支持与服务，逐步建立家长志愿者服务机制。开办家长学校，充分发挥家庭在残疾学生教育和康复中的重要作用。学校先后制定了《顺义区特殊教育学校家长委员会章程》《顺义区特教家长委员会实施方案》《顺义区特殊教育学校家长委员会工作要点》《家长委员会活动记录表》。结合家长提出的支持需求，先后制定了《陪读家长安全须知》《陪读家长守则》《家长陪读申请表》《顺义特教关于组织教师开展制定个别化教育计划前家访方案》《顺义特教学校家访记录单》《家访环境生态分析表》等，完善家校结合服务机制。

三、整体计划　强实效

相较于普通儿童，特殊儿童的个性化需求更为鲜明，所需的教育服务和支持也更有针对性，因此在特殊教育中，个别化教育计划一直发挥着关键作用。

个别化教育计划是根据学生的身心特征和实际需求拟出的针对每个有特殊需要的儿童实施的教育方案。它既是有特殊需要的儿童的教育和身心全面发展的一个总体规划，又是开展教育教学工作的指南。个别化教育计划里面记载着该学生现阶段的能力水平和评量结果，年度教学的具体内容和长、短期目标等，这些具体内容都会被记录在一个书面文件中，由家长签名同意后方可施行。

（一）家长参与学业评价的起点——制订“个别化教育计划”

学期初，每个班级召开“个别化教育计划”制订会。制订会上，将这个学生的所有任课教师以及相关管理领导一并请到现场，和学生家长进行面对面的研讨，研讨内容主要包括教学目标、内容、方法以及家长负责的支持内容、方式等。通过制订会，家长对自己孩子一学期的教学目标与内容等进行了全面的了解，还可了解自己作为家长应该做些什么，同时还能提出自己的想法和意见。

（二）家长参与学业实施的过程——实施“个别化教育计划”

1. 支持

特殊孩子在学习过程中会遇到很多问题，如身体健康的困扰、不良情绪的爆发、实践的困难等，要保证学业计划的顺利进行，就需要家长在身体照顾、病情控制、完成作业、实践练习等方面给予充分的支持。结合主题教学的班级、校级外出实践活动，在家长的陪伴指导下，学生逐步克服了恐惧、羞怯等心理，自尊自信、自理自立能力逐步提高。

学生的出勤情况历来困扰着老师，过去的出勤率一般在 70% 左右，而这30%的缺勤，主要是孩子有点小毛病、家长病了、这阵较忙等就不送孩子上学了，认为送与不送都一个样，但自从家长参与了个别化教育计划制订会后，逐渐改变了看法，珍惜孩子每一天的上学机会，从而使我们个别化教育计划得到很好的实施。

2. 了解

每个班都设有主题教学网络图，让家长更加具体地了解学生近期要学习的目标与内容。同时，我们还给每个孩子准备了“成长记录袋”、家长联系本。这个记录袋和记录本每天都要和家长见面，家长从成长记录袋中，可以了解孩子这一天、这一周都学了什么，学得怎样，家长可以做些什么等，家长也可在本上对孩子在家的表现、自己在家的辅助情况向老师做一些介绍。

这种“了解”成了家长和老师沟通的纽带，正是这种了解，创造了一种和谐的家校联动教育氛围，让教育的力量不断地延伸。

（三）家长参与学业的最终考核——评价“个别化教育计划”

从学期初的计划制订到期末的展示汇报，家长都要全程参与。学校每周的康复课程、感统训练课程、荣誉课程、社团活动都少不了家长的助力。学期末，我们请家长参与观看校本课程的汇报，汇报中有老师的学习情况介绍，有孩子的现场才艺展示。家长对自己的孩子，依据当初制定的目标进行评语鉴定，如学习兴趣、态度、成果、出勤等。学校根据教师、管理者的平时检查、家长的评语，在期末家长会上评出优秀生、进步生和好家长。

双向交流互动中，家长们真切地看到老师的辛苦，看到了孩子的努力，有的家长每一次看汇报，都忍不住泪流满面，说：“感谢学校，感谢老师，也感谢孩子，让她（他）有了新的希望。”家校互助合作对学生的成长、教师的不懈、家长的不弃赋予积极意义。

四、顺畅沟通　乐参与

（一）教育教学全力支持

拓展性实践课程是学校一直坚持开展的特色课程，我们从助力学生生命成长的角度出发，在实践探索中衍化出生活技能类、休闲娱乐类、农耕种植类、生活服务类、绘本阅读类 5 类与时俱进的实践课程，创建了 10 个实践课程基地。将学生的实践课纳入综合课程体系，每班每周半天实践活动，学生通过乘坐交通工具到邮局、电影院、农耕基地、宝马汽车 5S 店等基地进行体验式学习，在动手实践中掌握生活技能，学习社会知识，享受生活乐趣。

社团活动中，家长们纷纷担当助教，为学生的安全保驾护航。重视家庭训练，保障学生复习巩固到位。我们的社团先后在区级比赛中荣获佳绩，7 名学生荣获国际 ISLTS 轮滑等级考核证书

（二）家长课堂主动奉献

学校依托 10 个实践课程基地和社会大课堂活动，增加学生和社会多层次、多角度、全方位的接触，培养社会适应能力。家长或结合自身专业知识开发多样化课程，或发动人脉关系为孩子的职业生涯、职业发展搭建平台。例如在“匆匆那年　最好的我们——顺义区特殊教育学校 2019 年毕业典礼”上，拥有多家连锁超市的然然爸爸，为毕业班的学生主动提供实践、就业的机会。晶晶爸爸拓宽社会实践基地内容，为孩子们提供温室西瓜种植实践课程；小武妈妈主动提出为“到朋友家做客”班级主题教学办一次家庭聚会。家长们尽自己的最大能力为班级、校级课堂教学献策献力。

（三）重大活动勇于承担

学校依托传统节日开展教育实践活动。对接学校教学主题，挖掘“端午节、教师节、中秋节、国庆节、新年”等传统节日的教育内涵，开展丰富多彩的感恩教育活动。在学校体育艺术节，春季、秋季运动会，六一“爱祖国、爱家乡”才艺展示活动，“童心绘祖国　墨彩迎华诞”顺义特教学校学生书画展，期末主题教学汇报活动中，家长委员会成员充分发挥辐射带动作用，组织各班家长参与志愿服务，为活动顺利开展群策群力。

五、教育增能　助成长

家校合作共赢一直是特教学校的优良传统，多年来，学校和每个家庭、

每位家长都建立了良好的合作关系，家长全方位参与学校的教育教学活动，学校全力为家长提供专业服务支持，家校协同，共助学生成长。

（一）学期入户家访，制订菜单式教学计划

学校实行“全员家访制”，即全体教师访遍全体学生。每学期末，全体教师带着任务走进每个学生家庭，了解家庭情况、周边环境等，尽可能多地掌握学生家庭的第一手信息，为制订新学期个别化教育计划做准备。

（二）家长参与课程，辅助开展实践性活动

学校家长委员会动员有能力的家长参与学校管理及课程实施，入班听课，请家长讲绘本故事，有效辅助课堂教学。邀请家长参与学生个别化教育计划会议，了解学生发展现状，与班级教师共同制定学生学期发展目标和康复训练策略方法，引导家长与学校实施同步教育。关爱敬老院老人，家人与孩子们一同参加“走进社区　快乐成长”主题融合活动。

（三）规范陪读细则，提高课堂陪读实效性

为了加强学校安全管理，培养学生的自我管理能力，本学期学校对家长陪读工作进行了改革，实行分层陪读制。与家长签订《陪读细则》，明确规范家长在校行为。实施分层陪读以来，家长陪同人数明显减少，陪读任务更加明确，家长行为更加规范，课堂教学更加顺畅。家长从困惑、不理解到看到学生的明显变化而全力支持，从而转变教育观念。

（四）满足个性化需求，专家讲座提高育儿科学性

为了让家长了解学校的发展，积极参与学校活动，学校开设了“知动训练沙龙”“家庭康复训练讲座”“个别化教育计划研讨”等家本课程。

（五）落实资助政策，做好各类学生资助发放管理工作

学校成立了贫困寄宿生生活费补助工作评审领导小组，对此项工作进行全程管理，一是负责对全校贫困寄宿生生活费补助工作进行指导和监督；二是组织学校管理人员认真学习有关文件，熟悉贫困寄宿生生活费补助政策的有关政策法规，统一思想认识，增强大局意识、责任意识。三是通过全体教师大会、专题家长会，送政策入门入户，利用板报、专栏等宣传贫困寄宿生生活费补助这一政策文件精神，让这一惠民政策真正落实并惠及民生。家校

通力合作，用一周的时间顺利完成对 151 位残疾学生资助，22 位家庭经济困难学生补助，1 名低收入农户资助，88 位寄宿生生活补助，1 位非寄宿生生活补助的资料采集、复印件入档工作。学校积极主动提供优质服务，受到家长的高度赞誉。

“百里森林，并肩耐岁寒。”为了特殊孩子的发展，我们与家长无缝对接，交流学校和家庭育人方式方法，查找问题，补齐短板。为了特殊孩子的成长，家校共育为学生成长提供更加宽广的空间与可能，以打造出有温情、有温度的家校育人共同体。

不一样的家庭，一样的爱

丁　依

家访是我们走入家庭的一座桥梁。作为年轻教师，这是我第一次走入学生家庭进行家访，尽管做了很多准备工作，但心里仍有些紧张。

在淼淼家里我感受到了温暖有爱的家庭氛围。家长们特别热情地招待我们，淼淼激动地与我们打招呼，招呼妹妹拿杯子、倒水，请妈妈准备水果。热情温暖的氛围缓解了我的紧张情绪。当聊到在家里都做些什么时，淼淼转过身跑进自己的房间，拿出了两个作业本。妹妹说淼淼每天都会陪着她一起写作业。淼淼在学校的时候也提起过，今天终于见到作业的真面目了。我打开田字格本，一篇篇工整的数字排列在眼前，虽然有出现顺序颠倒的情况，不过通过字迹能看出淼淼是在认真对待的。随后她又拿妹妹的作业与我们分享，姐妹俩互相展示着对方的作业，对彼此都很欣赏。在这个家庭里，爸爸妈妈平等对待两个孩子，妹妹良好的学习习惯影响着淼淼。温暖有爱，积极向上的家庭环境让淼淼的成长往更好的方向发展。

走入家庭，全方位地了解孩子以及他们的家庭环境，真实地感受到家长的教养态度，为我们后续教育教学工作的开展提供了方向，我渐渐开始明白了家访的意义。

在进入李同学家里时，我更加觉得家访真是太有必要了。在学校中，李同学总喜欢向老师求助，即使自己能做到的事情也毫不例外。为什么会出现这种情况呢？在家访过程中，我得到了答案。李同学时时刻刻都黏在爸爸身边，爸爸对孩子很宠爱，孩子的事情都亲力亲为，尽全力帮孩子做各种事情。

家长希望老师可以帮助孩子培养自理能力，让他更加独立。针对学生的发展我们与家长共同探讨。孩子自理能力较弱，一部分原因是不知道如何做，另一部分是过度依赖家长。我们可以先从这里入手，给予家长建议，孩子能够完成的事情让他自己动手，可以在旁指导，减少“代办”，完成后可以休息或者得到奖励，培养孩子独立自主的意识。家长也表示愿意改变教养方式，并随时向我们反馈孩子的情况。

这次的期末家访让我能面对面地和家长去探讨学生成长的共同话题，探究家庭教育中问题解决的策略与路径，深入了解学生在家庭生活中的种种表现，进一步理解孩子在学校中一些行为表现的背后原因，也让家长和老师之间产生了情感共鸣，尽管父母对孩子的教育理念参差不齐，但对孩子的爱和期盼是同样的。

谨行资助之路　惠泽特殊学生

李明伟

在北京市顺义区特殊教育学校工作期间，每当见到虽身有障碍，却满身散发着阳光气息、脸上流露纯净笑容的学生们，头脑中便闪现出这样一句话："我还能为孩子们多做些什么？"这句话，深深印在了我的脑海和内心，也伴随着我特教工作的每时每刻。这句话虽普通，但正是这普通又平常的一句话，激励我带领顺义特教教师团队，做出了一件又一件，可以帮助孩子们有更好的康复发展，帮助更多特殊儿童家庭走出困境的"暖心事"。

领会精神，科学制订资助方案

特教学校的学生和普通学校的学生迥然不同，他们是在智力或精神上患有残疾的孩子，而每个特殊学生的背后，是一个又一个需要关注和关爱的特殊家庭。刚刚担任特殊教育学校校长期间，我新学期接触的第一个重要工作就是"义务教育贫困学生资助"。在特教学校，每个学生都是资助对象，每个家庭都需要被帮助。我用最快的速度了解在校学生和家庭现状，和学校负责资助工作的老师了解特教学校现有资助工作方式方法，深入学习市、区两级有关教育资助的政策和文件精神。针对学校学生的残疾程度重、特殊学生家庭情况复杂、家长情况特殊等诸多问题，学生在寄宿生与非寄宿生身份之间相互变化等多重复杂情况。为优化学校教育资助工作，我对学校已有资助政策进行逐项梳理，参与起草、修订《顺义特教寄宿生生活补助实施办法（修订）》等资助文件5项，优化了学校学生资助工作流程，使学校的学生资助工作更加规范化、科学化。

资助“五亲”，关爱每名特殊儿童

每年春秋两次教育资助工作开展时，都正值新学期开学，也是学校最为忙碌的时候。学校的大事小事繁多复杂，每件工作我都会参与、指导、落实。“资助每名特殊儿童，温暖每个特殊家庭。”对于教育资助工作，我组织资助工作领导小组召开“三重一大”会议，认真学习文件精神，严格贯彻落实市、区两级资助政策，始终坚持“五亲”，即“亲自抓”——亲自担任领导小组组长，确保经费真正用到每一名特殊学生身上；“亲自审”——亲自参与受资助学生的材料审核，保障信息真实准确；“亲自做”——亲力亲为解决资助工作中的问题，获得家长的理解与信任；“亲自督”——亲自督导教育资助工作落实情况，确保国家的资助金发放到每一名特殊学生手中，切实把国家对特殊家庭的关爱，温暖到每一个特殊家庭。

辛勤研析，申请免补誉满社会

为促进顺义区特殊教育优质发展，全面贯彻落实《北京市特殊教育提升计划（2017—2020年）》，我深入特教学校经济困难家庭，深入普通学校中的融合学生家庭，对400余名特殊学生的家庭经济情况进行充分的调研和分析后，向区教委提供调研报告和可实施性方案。在区政府、区教委的大力支持下，对全区学前至高中阶段的残疾学生在原“八免两补”的基础上免除伙食费。这一惠民举措，领先了全市各区特教学校，更好地缓解了特殊学生家庭的经济困难，获得了学生家长和社会各界的赞誉。同时，也为全面贯彻落实党和国家办好特殊教育的精神，进一步加快顺义区特殊教育事业发展贡献了力量。

干群联手，慧泽每个特殊家庭

2017年春季教育资助统计工作时，面对经济困难的特殊家庭，身为党支部书记，我坚持党员必须发挥模范引领作用，一名党员帮扶一名群众教师，两人共同服务一名困难学生和特殊家庭。特教党支部对在校200多个智障、孤独症、脑瘫等特殊的学生群体进行调研。通过调研，分析统计出有30个更加特殊的学生，他们有的家庭生活条件极其困难，有的缺乏有效的家庭康复知识，有的孩子程度较重，急需个别化的指导。对此，特教党支部正式启动了“双帮促优”即“1+1+1”党员教师帮扶困难学生和家庭项目。利用每学期的家访，党员教师们针对帮困生不同情况，给予有针对性的帮助，有的孩子家庭生活条件极其困难，我们的党员教师会为他们带去米、面、油、衣服等生活用品；有的孩子家长缺乏对孩子有效的康复方法，我们的党员教师就指导家长对孩子进行知动训练的培训，提供心理健康的咨询、青春期的教育指导等；寒暑假中，有的家庭不知道如何指导孩子的学习、生活，我们的党员教师为孩子带去自制绘本、课外读物、康复玩具等，教给他们指导孩子学习的结构化训练程序。走进特殊家庭给予有效帮扶的同时，还会宣传党和国家的助学政策，激励学生要努力学习，鼓励家长积极面对。走进特殊家庭，学生家长会感激地说：“感谢老师，感谢学校，让我们感受到了学校带给我们的关心和温暖。感谢党和国家的好政策，让我们这些残疾孩子不仅能够获得经济上的资助，还能够获得良好的教育。”

广纳外援，汇聚社会公益资源

关注每一名特殊学生的成长是我一直以来对自己的要求。坚持五育并举，成立非洲鼓、轮滑、书法、绘画社团，鼓励学生们刻苦训练，登上舞台展现特教学生的魅力和自信。孩子们在一次次市区比赛中获奖，吸引到越来越多的社会关注。我邀请区新媒体中心走进特教学校围绕学生、教师、学校发展做了三期宣传，并在区文化馆组织为期两周的“童心绘祖国　墨彩迎华诞”学生书画展。让更多的书画爱好者看到特殊儿童的绘画作品，吸引了越来越多的社会爱心企业关注到顺义特教的学生们。北京星德宝宝马 5S 店每年儿童节都会携手爱心车主走近特殊儿童，组织学生到朝阳公园进行亲子游园活动。北京三元、北京现代、顺鑫佳宇等多家公司，多次来校进行公益活动，为特殊儿童送来关爱，为特殊家庭带来资助。

而今，我依然工作在学生资助工作的第一线，为顺义特殊教育事业的美好明天，为构建良好的教育生态，默默地奉献着自己的光和热。

七年家访路，守护特殊儿童健康成长

郑祖伟

2023 年 7 月 6 日，北京市发布高温橙色预警；7 月 7 日，北京市发布高温红色预警。在这炎炎夏日，在北京市顺义区特殊教育学校的校园里，一场特别的“夏日暖阳　最美相遇”全员家访正在进行。学校干部、党员、教师或 3 人一组或 4 人一组，分赴学生家里，进行一年两次的家访工作。

77 名干部、党员和教师全体参与；200 余名特殊学生全部覆盖；连续两天，总行程超过 5000 公里，最远单程超过 30 公里……每到一户，家访小组都亲切地与家长交流，深入了解学生家庭情况、听取家长对学校教育教学工作的意见建议。自 2017 年以来，顺义区特殊教育学校全员家访工作已经坚持了 7 年，他们把学生成长的好消息带进家庭，把家长对未来的教育期盼带回学校，为教师更好地开展特殊学生的个别化指导提供了精准依据，助力了学校管理、课程建设、教育康复等方面质量的提升。

温情家访　双向奔赴

小池（化名）患有唐氏综合征并伴有中度智力障碍，现就读于顺义特教学校二年级。入学两年来，小池在老师的帮助下，不仅在语言沟通方面增加了很多词汇量，运动的协调性和稳定性方面也有很大提升，比如，学会了双手拍球、走独木桥等，在精细运动方面还能正确临摹并书写一些简单的汉字。

当小池从妈妈那里得知校长和老师要来家访，他7月6日早上5点多就起床了，把他喜欢的奥特曼、恐龙、雪花片积木等玩具摆放得整整齐齐，还不断地问妈妈“校长和老师什么时候到”，并不时地打开门往外探望。

8点半，门铃响起，李明伟校长和班主任王伟、宿月娇，党员教师杜妍一起走进了小池的家里，小池兴奋地朝老师直摆手，还主动为老师接水并双手送上。家访的老师们被小池的举动深深地感动了，送上了大大的赞。

为鼓励孩子成长，家访小团队不仅给小池带来了画笔、绘画本等小礼物，还给小池送上了“美德少年”奖状，给小池妈妈送上了“爱慧好家长”奖状，肯定孩子一年的进步，肯定家长一年的努力付出，希望家校共同携手，给孩子创造更多的成长平台。

在家访中，李明伟校长对学校一学年来的教育工作进行了介绍，班主任老师也对小池一学年以来的表现进行了详细介绍，并对小池妈妈一直以来对学校的支持表示了感谢。小池妈妈结合班级的主题教育对孩子的居家表现和家庭教育进行了一一介绍。小池妈妈表示，她对孩子一年来的成长非常满意，希望在新学年，能加强小池社会适应方面的训练，如训练独立乘公交车上下学、独立看电影等，家长的这一想法也得到了家访小组的认可。李明伟校长表示，学校在新学年将会结合家长的建议和需求，丰富相应的实践活动。当得知小池妈妈坚持学习先进教育理念，并开展了富有针对性的家庭教育后，李校长真诚邀请小池妈妈作为家长志愿者，走进学校为家长同伴进行讲解。

在将近两个小时的时间里，小池妈妈和家访小组深入交流了自己的教育想法和期盼，班主任宿老师则进行了详细的记录。“回到学校后，我们会召开家访总结会，结合每位家长的需求，制订新学期更有针对性的教育方案。”班主任王老师说。

学校的家访活动受到学生及家长的热烈欢迎，有很多农村家庭怕老师找不到地址，就到离家很远的车站去迎接老师。家长们对家访也给予了高度评价，职业部的学生小新（化名）在顺义区中小学生轮滑比赛中多次获得一等奖，在家里还会帮着奶奶干很多的家务，很有独立意识和担当精神。小新奶奶说：“通过家访，我们深入了解了孩子的在校情况，也有了更多的期盼，我们全家会全力配合学校工作。”

从学前部到学龄部，再到职业部，从顺义城区到顺义各乡镇村庄，家访小组冒着酷暑，将学校的关怀和教育理念、教育康复方法带进了家庭。小学生元元（化名）的爸爸说：“老师们在学校期间的无私付出，促进了孩子的成长，通过家访也让家长更加感受到了学校的真心。”

周密实施　确保实效

时间倒回到2017年。

顺义特教学校的生源以唐氏综合征、孤独症、脑瘫、多动症等多重残障学生为主。2017年，李明伟调入顺义特教学校担任校长、党支部书记之后，党支部对当时学校的学生生活和学习现状进行了调研，分析统计出30个更加特殊的学生，他们有的家庭生活条件极其困难，有的缺乏有效的家庭康复知识，有的孩子残障程度较重，急需个别化的支持和指导。

鉴于此，学校党支部要求党员必须发挥模范引领作用，一名党员帮扶一名群众教师，两人共同服务一名困难学生。倡议党员与教师根据自身管理服务的便捷、教师专业的优势、教师的性格特点进行自主选择，一一配对，对困难学生进行帮扶。

当年暑假前夕，学校专门为30名党员、30名教师及30名帮困生家庭召开“1+1+1”党员教师帮困生项目启动仪式大会。30位党员结对30位教师，利用暑假中的两天时间，走进了困难生家庭，以此了解学生的基本情况，确定“双帮促优”个别指导方案。

家访活动一经推出，得到了家长的广泛支持。随后，家访扩大至全校学生，全体教师参与，并从暑假延伸到寒假和暑假。即便是在疫情肆虐的时期，老师们也依然通过线上线下结合的方式，逐一对学生进行家访，了解学生居家状态，指导康复方法，交流教育感悟，听取家长的意见。

顺义特教学校副校长王颖介绍，为了更好地做好家访工作，增强教育实效，学校党支部为每对党员、教师制作了家访活动清单，包括学生基本情况、活动过程记录、家长反馈等。学校还制订了翔实的家访活动实施方案，通过召开教师家访动员大会，对全体教师进行家访前的培训，使全体教师明确了走访的任务、要求。在家访前，家访小组会逐一对被访学生的成长情况进行梳理；家访后，家访小组还会召开总结会，对家访情况进行总结，制订后续的教学计划以及个别化教育计划。

每次家访，教师们根据困难生的不同情况，给予有针对性的帮助，有的孩子家庭生活条件极其困难，学校就为他们带去米、面、油、衣服等生活用品；有的孩子家长缺乏对孩子有效的康复方法，教师们就指导家长对孩子进行知动训练的培训，提供心理健康的咨询、青春期的教育指导等；有的家长不知道如何在假期里指导孩子的学习、生活，教师就为孩子带去自制绘本、课外读物、康复玩具等，教给他们指导孩子学习的结构化训练的要点……

残疾儿童的家长尤其不易，他们的家庭需要学校的帮助和鼓励，以及正确的教育康复方法的支持。顺义特教学校副校长王向辉说：“通过家访，我们向家长积极传播科学的、专业的教育理念，挖掘家长的典型做法和经验，为日常教育管理提供基础信息，做到家校协同育人。”

家校携手　共护成长

家访，像一条纽带，连接起了学校和家庭，也连接起了老师、家长和学生。7年来，顺义特教学校的家访工作逐渐深入，家访不仅促进了教师做好特殊儿童个别化教育，也促进了教师提升专业素养，更是学校办好人民满意教育的生动实践。

“一要清楚学生本学期前后对比的进步和变化；二要观察学生居家生活环境和康复条件；三要分析看护人的教育康复理念和行为；四要努力寻找家校协同育人的途径和方法。”李明伟介绍，老师们走进家庭，更加清晰了未来的教育方向。通过家访，老师们准确地发现当前教育中存在的问题，学习和寻找对其康复有利的训练方法，并给予实施，做到了心理上给予辅导、言语上给予鼓励、专业上给予支持。

年轻教师通过家访实现了专业上的快速成长。宿月娇老师 2022 年毕业于北京联合大学特殊教育专业。“在大学期间学习了理论知识，在一年的教育教学实践中，对特殊教育有了更深入的了解。通过此次家访，我向有经验的老师学习怎么与家长沟通，怎么将教育方法与家庭教育相融合等，对儿童的家庭有了更深入的了解，便于后期开展教育。”宿月娇说。

相比专业上的成长，老师们更是感受到了信心与温暖。孤独症学生小博（化名）家住木林镇某村，距离学校 20 余公里。为了迎接老师的到来，小博精心制作了西餐老师教授的甜橙布丁，还特意从菜地采摘了新鲜的黄瓜，以此来表达自己激动的心情。小博妈妈与学校老师密切配合，在课余时间、假期里引导小博学习拼音、书写汉字，休闲时间共同练习八段锦，现在小博不仅学会了日常记账，还能独立乘坐公交、地铁等，甚至还能自己去市里购买所需物品。小博妈妈说起孩子的每一个小进步，眼里多次泛起泪花。“每到一个家庭，我们不仅感受到了家长的热情、孩子的期待，也更加理解了家长的不容易，看到了孩子在家的优异表现，增强了我们做好工作的信心，也让我们坚定了要将家访坚持做下去的决心。”班主任王老师说。

最好的教育是家庭与学校的完美契合，而家访就是将两股力量凝聚在一起的黏合剂。顺义特教学校通过家访，让学生的教育更具针对性，满足了家长的个性需求，达到了家校共育的目标，也有效提升了学校教育的满意度。

看似普普通通的一次次家访，却能帮助家长全面了解孩子的校园生活，帮助老师重新定义特殊教育工作的意义，帮助家校促成最深入的教育对话和教育共识。正如李明伟校长所说:“家访的最大意义是给每个特殊孩子的家庭送去爱和希望。每个特殊儿童都是折翼天使，我们通过入户家访，走近孩子，走进家庭，用爱心和智慧呵护他们健康、快乐成长！”

在特教这片园地里，顺义特教学校的全体干部、党员和教师将继续把对特殊儿童的关爱放在首位，用爱心去感化，用智慧去浇灌，让优质教育惠及每名特殊儿童，为顺义区特殊教育高质量发展贡献自己的力量！

暑期家访“折翼天使”　他们将关爱送到特殊孩子身边

牛伟坤

炎炎夏日，顺义区特殊教育学校的老师们又一次踏上了家访之路。走进200余名特殊学生的家里，他们带去关爱和温暖，收获信任与支持，与家长共同托举起这些“折翼天使”的明天。

2023年是特教老师姚立娜第7年参与家访了，虽然对此已经是轻车熟路，但她还是丝毫没有懈怠。家访前，她细细梳理了班上学生的学习情况、近期急于解决的问题等。14岁的孤独症学生东东（化名）进入青春期了，很难以恰当的方式表达自己的敏感和不安，上学期情绪波动很大，常因为一些小事跟同学发生口角。虽然姚立娜一直与孩子家长保持着沟通，但始终没有从根本上解决东东青春期的情绪问题。通过平时的了解，她发现，孩子的妈妈、奶奶对孩子更为关注，她很想通过家访看看父子两人的相处模式，从而找到突破口。

看到熟悉的老师，兴奋的东东热络地跟姚立娜聊起天来，还骄傲地向奶奶和妈妈展示着老师带来的成长手册。他们正开心地聊着时，东东的脸色突然沉了下来，本来利落的表达也开始磕巴起来，原来是东东的爸爸从楼上下来了。“去给老师弄点儿水！”爸爸一声令下，东东不情愿地起了身。看到东东低沉下来的情绪，奶奶打圆场：“你这爸爸，就会吼我们东东。”姚立娜心里明白了七八分，也想好了对策——改善东东青春期的情绪问题，爸爸的角色不能缺位。

趁着东东带着其他老师参观房间时，姚立娜跟一家人聊上了。“对于青春期的男孩来说，心理和生理出现变化非常正常。作为家庭成员，我们要与孩子共同面对。”看着东东爸爸频频点头，姚立娜趁热打铁，“父亲在孩子青春期中的作用不可忽视。”“那我该做点儿什么呢？”受到触动的爸爸向姚立娜询问方法。“您要改变一下说话的语气和方式，与孩子建立有效沟通。”东东爸爸不好意思地低下了头。接着，姚立娜又给出了假期生活小妙招：利用假期时间，多跟孩子一起运动，增加肢体接触，加强互动交流。看到房间一角的非洲鼓，她又接着说道，“既然东东对非洲鼓有兴趣，您可以试着跟他一起练习，增进父子之间的亲密感。”

家访后的一天，姚立娜又对东东一家进行了追访。“爷儿俩关系越来越铁，孩子的情绪也一直很稳定！”听到东东妈妈的反馈，姚立娜十分欣慰。

对于年轻教师丁依来说，家访是一次宝贵的学习经历。“通过家访，我在有经验的老师身上学习到了与家长沟通的技巧，也感受到了老教师的教育智慧。”一个小细节让丁依印象深刻，在走进唐氏儿苗苗（化名）家里时，家长不停地向老师抱怨着苗苗对手机的沉迷。正在丁依不知该如何应对时，一旁的老教师对着苗苗微微一笑，与她做出约定：“以后我们玩手机的时候定个闹钟，闹钟一响，咱们就放下手机，也跟其他的同学比一比，看看谁是最棒的手机管理员。”事后，老教师向丁依解释，苗苗自尊心和荣誉感强，做出约定利用的就是她这一性格特点。“这个细节让我深深地意识到，特教教师只有具备丰富的专业知识和实践经验，才能对学生采取适宜的教育措施。”丁依说。

“特殊孩子的家长尤其不易，他们更需要学校的关爱、引导和支持。”顺义区特殊教育学校校长、党支部书记李明伟说，“通过家访，老师们把学生的进步和成长情况用不同的方式传递给家长，通过深入了解学生的居家状况，为新学期更好地开展个别化教育计划提供精准依据。我们的目的就是让家庭与学校形成教育的合力，积极搭建家校沟通的平台，达成双方的教育共识，帮助‘折翼天使’健康成长，更好地融入社会、走向未来。”

后记

展望未来，北京市顺义区特殊教育学校如一棵坚韧的大树，坚定不移地向着“四维一体”办学目标生长。爱慧教育办学理念，犹如温暖的阳光，洒遍学校的每一个角落，绽放出绚丽的光彩。教师们通过不断学习和研究，更新教育观念，提升自身素养，探索全新教育方式，成为学生成长道路上的明灯和楷模。悉心呵护每一位学生，尊重他们的个性，发掘他们的潜力，让每一个孩子都能在爱的怀抱与智慧的启迪中，找到属于自己的独特光芒和前进方向。

学校持续引入先进的教育理念和富有创意的教学模式，“十五年”一体化课程体系建设更将精彩纷呈。学前阶段的教育康复课程变得更加生动有趣，孩子们在欢乐的游戏中汲取知识，如同小树苗在甘露的滋润下茁壮成长；学龄阶段的校本化课程紧密贴合社会实际，培养学生的实践能力和社会责任感，让他们如展翅的雏鹰，勇敢地飞向广阔的天空；职业课程体系则突出了创新精神和创业意识，为学生的未来发展奠定了坚实的基石，犹如为他们铺设了一条通往成功的金色大道。

学校利用大数据、人工智能等信息技术手段，合理规划智慧校园建设，积极创建智慧教室，为学生营造更加开放、自由的学习环境。教师在信息技术的助力下，对学生个体的发展进行精准评估，运用信息技术赋能课堂教学，为特殊学生提供更有效的个性化教育支持。

顺义区特殊教育学校以《北京市“十四五”特殊教育发展提升行动计划》为指引，将新时期的教育理念贯穿学校发展的各个方面，犹如一艘破浪前行的巨轮，通过不断创新和超越，在特殊教育领域树立起了新的标杆，为顺义区教育事业的优质均衡普惠发展作出杰出贡献。在顺义区教育事业的高端运行轨道上，顺义特教人用爱和智慧抒写特殊儿童的美好未来，让他们的梦想如绚丽的烟花般在天空中绽放。